LA MÁXIMA EXPERIENCIA CON VERDURAS ÚNICAS

Descubra las delicias de los con una aguja, el colinabo, la berenjena y más

María Ángeles Lopez

Material con derechos de autor ©2023

Reservados todos los derechos

Ninguna parte de este libro puede usarse ni transmitirse de ninguna forma ni por ningún medio sin el debido consentimiento por escrito del editor y del propietario de los derechos de autor, excepto las breves citas utilizadas en una reseña. Este libro no debe considerarse un sustituto del asesoramiento médico, legal o de otro tipo profesional.

TABLA DE CONTENIDO

INTRODUCCIÓN 6

CON UNA AGUJA/ALCACHOFA DE JERUSALÉN.. 7

    1. Ensalada de verduras mixtas cargadas 8
    2. Cappelletti Con una aguja con manzanas 10
    3. Carpaccio vegetariano 13
    4. Alcachofas de Jerusalén con granada 15
    5. Lasaña de espinacas y boniato 17
    6. Pollo Asado Con Alcachofa De Jerusalén 20
    7. Ensalada cruda de alcachofas y hierbas 22
    8. Alcachofas rellenas con guisantes y eneldo 24
    9. Cóctel de alcachofas y cilantro 27

COLINABO 29

    10. Schnitzel de colinabo...30
    11. colinabo repollo 32
    12. Colinabo asado 34
    13. Gratinado De Colinabo Y Patatas 36
    14. Sopa de colinabo y manzana 38
    15. Salteado de colinabo y garbanzos 40

JÍCAMA..42

    16. Tazón de sushi de aguacate 43
    17. Spam a la parrilla y ensalada de patatas 45
    18. Rollitos de primavera de mariscos fritos 47
    19. Langosta ahumada con té de lichi negro 50
    20. Carpaccio de atún Ceviche de jícama...52
    21. Papas fritas con jícama al horno con salsa de lima y cilantro 54
    22. Ensalada de maíz dulce, jícama y tequila...56
    23. Ensalada de frutas con albahaca y jícama 58

APIONACO 60

    24. Soufflé de apio nabo y queso 61
    25. Sopa de apio nabo y manzana con nueces trituradas 64
    26. Schnitzel de cerdo con remoulade de apio nabo 66
    27. Risotto de Ajo con Codornices 68
    28. Crema de Mejillones al Azafrán 71

RAÍZ DE LOTO 73

    29. Sopa de raíz de loto y champiñones 74

30. Raíz de loto y jugo de mandarina 76
31. Raíz de loto salteada con semillas de sésamo 78
32. Chips de raíz de loto 80
33. Salteado de raíz de loto y cerdo 82
34. Ensalada de raíz de loto y camarones 84
35. Sopa de pollo y raíz de loto 86

NABO SUECO 88

36. empanadas de barbacoa 89
37. Guiso de patatas con rutabaga 91
38. Estofado de carne con vegetales de raíz 93
39. Salchicha De Pavo Con Verduras De Raíz 95
40. Rica sopa de gulash húngaro 97
41. Horneado de trigo sarraceno con tubérculos 99
42. Lubina con tubérculos asados 101
43. Estofado de ternera carnívora con tubérculos 103
44. Sopa de tapioca y verduras de otoño 106
45. Ensalada Picada Fermentada Con Rutabaga 108
46. Sopa de pollo y tubérculos de otoño 110
47. Sopa de pavo del festival de otoño 113
48. Sopa de cordero y tubérculos 115
49. Sopa De Rabo De Toro Con Rutabaga 117
50. Empanadas de patata begedil 119
51. Cosecha de verduras y quinua. 121
52. Pot-Au-Feu clásico 123
53. Bocaditos de tocino y queso 126

NABOS.................. 128

54. Cazuela De Nabos Y Cebolla 129
55. Vino de nabo mago 131
56. Nabos estofados de Acción de Gracias 134
57. Sopa taiwanesa de pastel de nabo 136
58. Lechugas mixtas con buñuelos de nabo 139

BERENJENAS 141

59. Tacos de crepe de garbanzos con berenjena 142
60. Huevos de berenjena en un agujero 145
61. Shakshuka de mozzarella, champiñones y berenjena 147
62. Crêpes Rellenos De Berenjena 150
63. Tortitas saladas de berenjena. 152
64. Waffles de falafel con berenjena asada 155
65. Tazón de desayuno crujiente con berenjena y tocino 158
66. Rondas de berenjena rellenas de ricotta 161
67. Tempura de spam y berenjenas 164
68. chips de berenjena.................. 166
69. Croquetas De Berenjena 168

70. Crema De Berenjenas Y Nueces 170
71. Berenjenas fritas en tempura 172
72. Dip de berenjena asada a las brasas ahumadas 175
73. Papas Fritas De Berenjena Al Horno 177
74. Dip de berenjena asada 179
75. Berenjenas A La Plancha Y Chaumes 182
76. Panini de berenjena a la parmesana 185
77. Pizza Vegetariana De Queso A La Parrilla 188
78. Buñuelo de berenjena 190
79. Sándwiches De Berenjena Al Horno 192
80. Bruschetta de berenjena gratinada 195
81. B resaola y berenjena Bruschetta 197
82. Ragú De Berenjenas Y Frijoles Blancos 199
83. Albóndigas De Berenjena Y Garbanzos 201
84. Sopa de berenjenas asadas y azafrán 203
85. berenjena parmesano 205
86. Raviolis de berenjena y nueces en salsa 208
87. Berenjena Y Arroz A La Provenzal 211
88. Calabaza Espagueti Con Persillade De Berenjenas 213
89. Pasta Rellena De Berenjena Y Tempeh 216
90. Berenjena Chermoula con Bulgur y Yogur 218
91. Sopa de berenjena quemada y mograbieh 221
92. Filetes De Berenjena 224
93. Ensalada libanesa de berenjenas a la parrilla 226
94. Pisto de berenjena 229
95. Chutney De Berenjena Y Tomate 232
96. Canelones de berenjena 235
97. Berenjena quemada con Granada 238
98. Hannukah Sabih 241
99. Muffins triples de chocolate 244
100. Tarta De Berenjenas Con Queso De Cabra 247

CONCLUSIÓN 250

INTRODUCCIÓN

Bienvenido a La Máxima Experiencia con Verduras Únicas. En esta guía, extendemos una invitación a trascender lo familiar y embarcarnos en una aventura que celebra los tesoros del reino vegetal que a menudo se pasan por alto: los con una aguja, el colinabo, la berenjena y más.

Imagine su cocina como un escenario y estas verduras únicas como los actores protagonistas, listas para mostrar una sinfonía de sabores, texturas y posibilidades culinarias. Este no es sólo un libro de cocina; es una oda a la diversidad que se encuentra en los rincones a menudo descuidados del pasillo de productos, esperando cautivar sus sentidos y redefinir su experiencia culinaria.

Mientras hojeas estas páginas, imagina las historias que cuenta cada vegetal, desde los matices de nuez de los con una aguja hasta la dulzura terrosa del colinabo y la elegancia versátil de la berenjena. Este es su boleto a una odisea culinaria donde lo extraordinario se convierte en norma y lo familiar se reinventa.

Cada receta de esta colección es un capítulo cuidadosamente seleccionado que le ofrece no solo un plato sino una experiencia: una oportunidad para mejorar su destreza culinaria y redefinir su relación con las verduras. Si usted es un chef experimentado que busca nuevas alturas de creatividad o un novato en la cocina ansioso por ampliar sus horizontes culinarios, "La experiencia definitiva con verduras únicas" está diseñada para inspirar, educar y, lo más importante, deleitar.

Únase a nosotros en esta aventura gastronómica donde quitamos las capas de lo común, revelando la excepcionalidad de vegetales únicos. El viaje que tenemos por delante promete no sólo satisfacción culinaria sino también una conexión más profunda con los ingredientes que adornan su mesa. Así que, con entusiasmo y mente abierta, deja que comience la exploración y que tu cocina quede transformada para siempre por las maravillas de delicias vegetales únicas.

CON UNA AGUJA/ALCACHOFA DE JERUSALÉN

1. Ensalada de verduras mixtas cargadas

INGREDIENTES:
- 1 berenjena japonesa mediana, cortada en dados de 1/2 pulgada
- 1 pimiento rojo mediano, cortado en dados de 1/2 pulgada
- 1 pimiento amarillo mediano, cortado en dados de 1/2 pulgada
- 1 libra de con una aguja (opcional), al vapor
- 4 manzanas, en rodajas
- 1 taza de bok choy
- 2 cucharadas de semillas de calabaza tostadas
- 1/4 taza de aceite de oliva
- 2 cucharadas de vinagre balsámico blanco
- 1 diente de ajo, picado
- 1/2 cucharadita de azúcar
- 1/2 cucharadita de sal
- 1/4 cucharadita de pimiento rojo triturado
- lechuga romana, cortada en trozos pequeños
- Rúcula, cortada en trozos pequeños

INSTRUCCIONES:
a) Precalienta el horno a 375°F.
b) Engrase ligeramente un molde para hornear de 9 x 13 pulgadas. Coloque las berenjenas y los pimientos morrones en el molde preparado y hornee hasta que estén tiernos, 15 minutos.
c) En un tazón pequeño, combine el aceite, el vinagre, el ajo, el azúcar, la sal y el pimiento rojo triturado. Mezclar bien y verter sobre las verduras enfriadas.
d) Extienda las verduras en una fuente para servir. Vierta encima la mezcla de berenjena y pimiento y cubra con el resto de la marinada. Adorna con semillas de calabaza o tus nueces favoritas.

2. Cappelletti Con una aguja con manzanas

INGREDIENTES:
- Aceite de oliva
- 1,8 kg (4 lb) de con una aguja, picados
- 2 dientes de ajo, picados
- 1 taza (227 g) de ricota
- Sal kosher
- Pimienta negra recién molida
- Masa para ravioles
- Aceite de oliva
- 454 g (1 libra) de col rizada picada
- 1 manzana, en rodajas finas

INSTRUCCIONES:

a) Para hacer el relleno, en una sartén grande a fuego medio-alto, rocíe aceite de oliva y agregue los con una aguja. Cocine hasta que esté suave, aproximadamente de 8 a 10 minutos. Retirar del fuego y dejar enfriar un poco.

b) En un procesador de alimentos, presione los con una aguja, el ajo y la ricotta hasta que se combinen. Sazone con sal y pimienta negra recién molida.

c) Espolvoree dos bandejas para hornear con harina de sémola.

d) Para hacer la pasta, extienda la masa hasta que la hoja esté apenas traslúcida.

e) Corta las hojas enrolladas en secciones de 30 cm (12 pulgadas) y cubre el resto con film transparente. Coloque las hojas sobre una superficie de trabajo seca y, con un cortador redondo de 7,5 cm (3 pulgadas), corte círculos en las hojas.

f) Con una manga pastelera o una cuchara, coloque aproximadamente 1 cucharadita de relleno en el medio del círculo de pasta, dejando aproximadamente ¼ de pulgada (6 mm) alrededor de los lados. Dobla el círculo para crear una forma de media luna y presiona a lo largo de los bordes para sellar. Use un chorrito de agua para ayudar a sellarlo si es necesario.

g) Para darle forma a la pasta, con el borde curvo hacia ti, junta los dos puntos y presiona. Asegúrese suavemente de que el borde exterior curvo esté hacia arriba para formar una forma circular. Coloca la pasta sobre la superficie de trabajo, asegurándote de que se sostenga por sí sola. Transfiera con cuidado los cappelletti a las bandejas para hornear espolvoreadas con sémola, espaciadas.

h) Traiga una olla grande con agua a hervir. Mientras tanto, en una sartén grande, a fuego medio, rocíe aceite de oliva. Añade la col rizada y saltea hasta que empiece a marchitarse. Apague el fuego y agregue las manzanas. Sazone con sal y pimienta recién molida.

i) Deje caer con cuidado la pasta en el agua y cocine hasta que esté al dente, aproximadamente de 2 a 3 minutos. Mezcle en la sartén con la col rizada y las manzanas.

j) Para servir, divida la pasta, la col rizada y las manzanas en tazones.

3. Carpaccio vegetariano

INGREDIENTES:
- 3 remolachas de diferentes colores; rosa, amarillo y blanco
- 2 zanahorias de diferentes colores; amarillo y morado
- 2 alcachofas de Jerusalén
- 4 rábanos
- 1 nabo
- ¼ taza de aceite de oliva
- 4 cucharadas de vinagre de vino
- 1 rebanada de pan, en cubos
- 2 cucharadas de piñones
- 1 cucharada de semillas de calabaza
- 2 cucharadas de aceite de nuez
- 1 puñado de lechuga
- sal marina
- pimienta negra recién molida

INSTRUCCIONES:
a) Lavar todas las verduras. Cortar en rodajas muy finas con una mandolina.
b) Colocar en un bol, verter el vinagre y el aceite de oliva y remover suavemente con los dedos.
c) Dejar reposar durante una hora.
d) Ase el pan con los piñones y las semillas de calabaza en una sartén seca, revolviendo constantemente.
e) Coloque las verduras en un plato y decore con picatostes y semillas.
f) Espolvorea con aceite de nuez, sal y pimienta.
g) Adorne con hojas de lechuga.

4. Alcachofas de Jerusalén con granada

INGREDIENTES:
- 500 g de alcachofas de Jerusalén
- 3 cucharadas de aceite de oliva virgen extra
- 1 cucharadita de semillas de nigella
- 2 cucharadas de piñones
- 1 cucharada de miel
- 1 granada, cortada por la mitad a lo largo
- 3 cucharadas de melaza de granada
- 3 cucharadas de queso feta, desmenuzado
- 2 cucharadas de perejil de hoja plana, picado
- Sal y pimienta negra

INSTRUCCIONES:

a) Precaliente el horno a 200 ° C / 400 ° F / marca de gas 6. Frote bien las alcachofas y luego córtelas por la mitad o en cuartos según el tamaño.

b) Colóquelos en una bandeja para hornear grande en una sola capa y rocíe con 2 cucharadas de aceite. Sazone bien con sal y pimienta y luego espolvoree con las semillas de nigella. Ase durante 20 minutos o hasta que estén crujientes en los bordes.

c) Agrega los piñones y la miel a las alcachofas durante los últimos 4 minutos de cocción.

d) Mientras tanto, quita las semillas de granada. Con un tazón grande y una cuchara de madera pesada, golpee el costado de cada granada partida por la mitad hasta que hayan salido todas las semillas. Retire cualquier médula. Vierta el jugo en un tazón pequeño y agregue el almíbar de granada y el aceite de oliva restante. Revuelva hasta que se combinen.

e) Cuando las alcachofas y los piñones estén listos, colóquelos en una fuente para servir con las semillas espolvoreadas. Vierta el aderezo sobre todo y termine con una pizca de queso feta y perejil para servir.

5. Lasaña de espinacas y boniato

INGREDIENTES:
- 2 a 3 batatas grandes (aproximadamente 2 libras), peladas y cortadas en rodajas de ½ pulgada
- 2 cabezas grandes de coliflor, cortadas en floretes
- ¼ de taza de piñones tostados
- Leche de almendras natural sin azúcar, según sea necesario
- 3 cucharadas de levadura nutricional, opcional
- ½ cucharadita de nuez moscada
- 1½ cucharaditas de sal
- 1 cebolla amarilla grande, pelada y cortada en cubitos pequeños
- 4 dientes de ajo, pelados y picados
- 1 cucharada de tomillo picado
- ½ taza de albahaca finamente picada
- 12 tazas de espinacas (alrededor de 2 libras)
- Sal y pimienta negra recién molida al gusto
- 12 onzas de fideos de lasaña integrales o con harina de alcachofa de Jerusalén, cocidos según las instrucciones del paquete, escurridos y enjuagados hasta que se enfríen

INSTRUCCIONES:

a) Coloque las batatas a baño maría o en una canasta vaporera y cocine al vapor durante 6 minutos, o hasta que estén tiernas pero no blandas. Enjuague hasta que se enfríe, luego escurra y reserve.

b) Cocine la coliflor al vapor durante 6 a 8 minutos hasta que esté muy tierna. Combine la coliflor y los piñones en una licuadora, en tandas si es necesario, y haga puré hasta que quede suave y cremoso, agregando leche de almendras si es necesario. Agregue el puré a un tazón grande y agregue la levadura nutricional (si la usa), la nuez moscada y la sal. Dejar de lado.

c) Coloca la cebolla en una sartén grande y saltea a fuego medio durante 10 minutos. Agregue agua de 1 a 2 cucharadas a la vez para evitar que se pegue a la sartén.

d) Agregue el ajo, el tomillo, la albahaca y las espinacas y cocine de 4 a 5 minutos, o hasta que las espinacas se ablanden. Agrega al puré de coliflor y mezcla bien. Sazone con sal y pimienta adicionales.

e) Precalienta el horno a 350°F.

f) Para preparar la lasaña, vierta 1 taza de la mezcla de coliflor en el fondo de una fuente para hornear de 9 × 13 pulgadas. Agrega una capa de fideos para lasaña. Coloque una capa de batatas encima de los fideos.

g) Vierta 1½ tazas de la mezcla de coliflor sobre las batatas. Cubra con otra capa de fideos, seguida de una capa de batatas.

h) Agrega otra capa de la mezcla de coliflor. Cubra con una capa final de fideos y el resto de la salsa de coliflor. Cubrir con papel de aluminio y hornear por 30 minutos.

i) Destape y hornee por otros 15 minutos, o hasta que la cazuela esté caliente y burbujeante. Deje reposar durante 15 minutos antes de servir.

6.Pollo Asado Con Alcachofa De Jerusalén

INGREDIENTES:

- 1 libra / 450 g de alcachofas de Jerusalén, peladas y cortadas a lo largo en 6 gajos de ⅔ de pulgada / 1,5 cm de grosor
- 3 cucharadas de jugo de limón recién exprimido
- 8 muslos de pollo con piel y hueso o 1 pollo entero mediano, cortado en cuartos
- 12 plátanos u otras chalotas grandes, cortadas por la mitad a lo largo
- 12 dientes de ajo grandes, rebanados
- 1 limón mediano, cortado por la mitad a lo largo y luego en rodajas muy finas
- 1 cucharadita de hebras de azafrán
- 3½ cucharadas / 50 ml de aceite de oliva
- ¾ taza / 150 ml de agua fría
- 1¼ cucharada de granos de pimienta rosa, ligeramente triturados
- ¼ de taza / 10 g de hojas frescas de tomillo
- 1 taza / 40 g de hojas de estragón, picadas
- 2 cucharaditas de sal
- ½ cucharadita de pimienta negra recién molida

INSTRUCCIONES:

a) Pon las cotorras en una cacerola mediana, cúbrelas con abundante agua y agrega la mitad del jugo de limón. Llevar a ebullición, bajar el fuego y cocinar a fuego lento durante 10 a 20 minutos, hasta que estén tiernos pero no blandos. Escurrir y dejar enfriar.

b) Coloque las alcachofas de Jerusalén y todos los ingredientes restantes, excluyendo el jugo de limón restante y la mitad del estragón, en un tazón grande y use sus manos para mezclar todo bien. Tapar y dejar marinar en el frigorífico toda la noche, o al menos 2 horas.

c) Precalienta el horno a 475°F / 240°C. Coloque los trozos de pollo, con la piel hacia arriba, en el centro de una fuente para asar y distribuya los ingredientes restantes alrededor del pollo. Ase durante 30 minutos.

d) Cubre la sartén con papel de aluminio y cocina por 15 minutos más. En este punto, el pollo debería estar completamente cocido.

e) Retirar del horno y agregar el estragón reservado y el jugo de limón. Revuelva bien, pruebe y agregue más sal si es necesario. Servir de inmediato.

7. Ensalada cruda de alcachofas y hierbas

INGREDIENTES:
- 2 o 3 alcachofas grandes (1½ lb / 700 g en total)
- 3 cucharadas de jugo de limón recién exprimido
- 4 cucharadas de aceite de oliva
- 2 tazas / 40 g de rúcula
- ½ taza / 15 g de hojas de menta trituradas
- ½ taza / 15 g de hojas de cilantro trituradas
- 1 oz / 30 g de queso pecorino toscano o romano, finamente rallado
- Sal marina maldon y pimienta negra recién molida

INSTRUCCIONES:
a) Prepara un bol con agua mezclada con la mitad del jugo de limón. Retire el tallo de 1 alcachofa y retire las hojas exteriores duras.
b) Una vez que llegue a las hojas más suaves y pálidas, use un cuchillo grande y afilado para cortar la flor hasta que le quede el cuarto inferior.
c) Utilice un cuchillo pequeño y afilado o un pelador de verduras para quitar las capas exteriores de la alcachofa hasta que la base o el fondo quede expuesto.
d) Quite el "estrangulador" peludo y ponga la base en el agua acidulada. Deseche el resto y repita con las otras alcachofas.
e) Escurre las alcachofas y sécalas con toallas de papel. Con una mandolina o un cuchillo grande y afilado, corte las alcachofas en rodajas finas como papel y transfiéralas a un tazón grande para mezclar.
f) Exprima el jugo de limón restante, agregue el aceite de oliva y revuelva bien para cubrir. Puedes dejar la alcachofa hasta unas horas si quieres, a temperatura ambiente.
g) Cuando esté listo para servir, agregue la rúcula, la menta y el cilantro a la alcachofa y sazone con ¼ de cucharadita generosa de sal y abundante pimienta negra recién molida.
h) Mezcle suavemente y colóquelo en platos para servir. Adorne con las virutas de queso pecorino.

8. Alcachofas rellenas con guisantes y eneldo

INGREDIENTES:
- 14 oz / 400 g de puerros, recortados y cortados en rodajas de ¼ de pulgada / 0,5 cm
- 9 oz / 250 g de carne molida
- 1 huevo grande de corral
- 1 cucharadita de pimienta de Jamaica molida
- 1 cucharadita de canela molida
- 2 cucharaditas de menta seca
- 12 alcachofas medianas o fondos de alcachofa congelados descongelados (ver introducción)
- 6 cucharadas / 90 ml de zumo de limón recién exprimido, más zumo de ½ limón si se utilizan alcachofas frescas
- ⅓ taza / 80 ml de aceite de oliva
- Harina para todo uso, para cubrir las alcachofas.
- aproximadamente 2 tazas / 500 ml de caldo de pollo o verduras
- 1⅓ tazas / 200 g de guisantes congelados
- ⅓ oz / 10 g de eneldo, picado en trozos grandes
- sal y pimienta negra recién molida

INSTRUCCIONES:

a) Blanquear los puerros en agua hirviendo durante 5 minutos. Escurrir, refrescar y exprimir el agua.

b) Pica los puerros en trozos grandes y colócalos en un bol junto con la carne, el huevo, las especias, la menta, 1 cucharadita de sal y mucha pimienta. Revuelva bien.

c) Si vas a utilizar alcachofas frescas, prepara un bol con agua y el zumo de ½ limón. Retire el tallo de la alcachofa y retire las hojas exteriores duras. Una vez que llegue a las hojas más suaves y pálidas, use un cuchillo grande y afilado para cortar la flor de modo que le quede el cuarto inferior. Utilice un cuchillo pequeño y afilado o un pelador de verduras para quitar las capas exteriores de la alcachofa hasta que la base o el fondo quede expuesto. Quite el "estrangulador" peludo y ponga la base en el agua acidulada. Deseche el resto y luego repita con las otras alcachofas.

d) Pon 2 cucharadas de aceite de oliva en una cacerola lo suficientemente ancha como para que las alcachofas queden planas y calienta a fuego medio. Llene cada base de alcachofa con 1 a 2 cucharadas de la mezcla de carne, presionando el relleno. Enrolle suavemente las bases con un poco de harina, cubriéndolas ligeramente y sacudiendo el exceso. Freír en aceite caliente durante 1½ minutos por cada lado. Limpia la sartén y regresa las alcachofas a la sartén, colocándolas planas y cómodamente una al lado de la otra.

e) Mezcle el caldo, el jugo de limón y el aceite restante y sazone generosamente con sal y pimienta. Vierta cucharadas de líquido sobre las alcachofas hasta que estén casi sumergidas, pero no completamente; es posible que no necesites todo el líquido. Coloque un trozo de papel pergamino sobre las alcachofas, cubra la sartén con una tapa y cocine a fuego lento durante 1 hora. Cuando estén listas, sólo deben quedar unas 4 cucharadas de líquido. Si es necesario retiramos la tapa y el papel y reducimos la salsa. Deja la sartén a un lado hasta que las alcachofas estén tibias o a temperatura ambiente.

f) Cuando esté listo para servir, blanquear los guisantes durante 2 minutos. Escurrirlas y añadirlas junto con el eneldo a la sartén con las alcachofas, sazonar al gusto y mezclar todo suavemente.

9. Cóctel de alcachofas y cilantro

INGREDIENTES:

- 4 alcachofas de Jerusalén
- 1 manojo de cilantro fresco, aproximadamente 1 taza
- 4 rábanos grandes, con cola y recortados
- 3 zanahorias medianas, recortadas

INSTRUCCIONES:

a) Procese las alcachofas de Jerusalén, una a la vez, a través de su exprimidor electrónico según las instrucciones del fabricante.
b) Enrolle el cilantro hasta formar una bola para comprimirlo y agregarlo.
c) Agrega los rábanos y las zanahorias.
d) Mezcle bien el jugo para combinar y sirva con hielo como desee.

COLINABO

10. Schnitzel de colinabo

INGREDIENTES:
- 1 colinabo grande
- aceite para freír
- ¼ de taza de harina para todo uso
- ½ taza de agua
- ½ cucharadita de pimentón en polvo
- ½ cucharadita de sal

EMPANADO
- ⅓ taza de pan rallado
- ½ cucharadita de sal
- ½ cucharadita de pimentón en polvo
- 1 cucharadita de semillas de calabaza trituradas
- 1 cucharadita de semillas de sésamo

INSTRUCCIONES:

a) Lavar el colinabo y quitarle las hojas restantes. El colinabo se debe cortar en 4-6 rodajas.

b) Con un pelador de verduras, retire la capa exterior.

c) Ponga a hervir agua en una olla grande y agregue las rodajas de colinabo. Deje un tiempo de cocción de 10 minutos. En el centro deberían empezar a volverse traslúcidos. Luego escúrrelos, sécalos con toallas de papel y déjalos enfriar.

d) Combine los ingredientes del empanizado en un recipiente aparte.

e) Cubra las rodajas de colinabo con el empanizado cuando estén lo suficientemente frías como para manipularlas.

f) Calienta el aceite para freír en una sartén grande y agrega el escalope de colinabo empanizado.

g) Cocine durante aproximadamente 5 minutos por lado a fuego medio-alto. Por ambos lados deben quedar dorados y crujientes.

h) Colócalos sobre una toalla de papel para absorber el exceso de aceite después de freírlos y ¡a disfrutar!

11. colinabo repollo

INGREDIENTES:
- 2 colinabos medianos, pelados y rallados
- 1 zanahoria grande, pelada y rallada
- 1/4 taza de mayonesa
- 1 cucharada de mostaza Dijon
- 1 cucharada de vinagre de manzana
- Sal y pimienta para probar

INSTRUCCIONES:
a) En un tazón grande, combine el colinabo rallado y la zanahoria.
b) En un recipiente aparte, mezcle la mayonesa, la mostaza de Dijon y el vinagre de sidra de manzana.
c) Vierta el aderezo sobre las verduras y revuelva hasta que estén bien cubiertas.
d) Sazone con sal y pimienta al gusto.
e) Enfriar en el frigorífico durante al menos 30 minutos antes de servir.

12.Colinabo asado

INGREDIENTES:
- 4 colinabos medianos, pelados y cortados en cubos
- 2 cucharadas de aceite de oliva
- 1 cucharadita de ajo en polvo
- 1 cucharadita de pimentón
- Sal y pimienta para probar
- Perejil fresco picado (para decorar)

INSTRUCCIONES:
a) Precalienta el horno a 400°F (200°C).
b) Mezcle los cubos de colinabo con aceite de oliva, ajo en polvo, pimentón, sal y pimienta.
c) Extienda el colinabo en una bandeja para hornear en una sola capa.
d) Ase durante 25-30 minutos o hasta que los bordes estén dorados.
e) Adorne con perejil picado antes de servir.

13. Gratinado De Colinabo Y Patatas

INGREDIENTES:
- 2 colinabos, pelados y en rodajas finas
- 2 patatas, peladas y cortadas en rodajas finas
- 1 taza de queso gruyere rallado
- 1 taza de crema espesa
- 2 dientes de ajo, picados
- Sal y pimienta para probar

INSTRUCCIONES:
a) Precalienta el horno a 375°F (190°C).
b) Coloque capas de colinabo y patatas en una fuente para horno engrasada.
c) En un tazón, mezcle la crema espesa, el ajo picado, la sal y la pimienta.
d) Vierta la mezcla de crema sobre las verduras.
e) Cubra con queso gruyere rallado.
f) Hornee durante 45-50 minutos o hasta que la parte superior esté dorada y burbujeante.

14. Sopa de colinabo y manzana

INGREDIENTES:
- 3 colinabos, pelados y cortados en cubitos
- 2 manzanas, peladas, sin corazón y cortadas en cubitos
- 1 cebolla, picada
- 4 tazas de caldo de verduras
- 1/2 taza de crema espesa
- Sal y pimienta para probar
- cebollino para decorar

INSTRUCCIONES:
a) En una olla grande, saltee las cebollas hasta que estén transparentes.
b) Agregue el colinabo y las manzanas y saltee durante 5 minutos.
c) Vierta el caldo de verduras, déjelo hervir y cocine a fuego lento hasta que el colinabo esté tierno.
d) Use una licuadora de inmersión para hacer puré la sopa hasta que quede suave.
e) Agregue la crema espesa y sazone con sal y pimienta.
f) Adorne con cebollino picado antes de servir.

15. Salteado de colinabo y garbanzos

INGREDIENTES:
- 2 colinabos, pelados y cortados en juliana
- 1 lata de garbanzos, escurridos y enjuagados
- 1 pimiento rojo, rebanado
- 2 cucharadas de salsa de soja
- 1 cucharada de aceite de sésamo
- 1 cucharada de vinagre de arroz
- 1 cucharadita de jengibre rallado
- 2 dientes de ajo, picados
- Cebollas verdes, en rodajas (para decorar)

INSTRUCCIONES:
a) Calienta el aceite de sésamo en un wok o una sartén grande.
b) Agregue colinabo, garbanzos y pimiento morrón. Sofríe durante 5 a 7 minutos hasta que las verduras estén tiernas y crujientes.
c) En un tazón pequeño, mezcle la salsa de soja, el vinagre de arroz, el jengibre y el ajo.
d) Vierta la salsa sobre las verduras y revuelva para cubrir uniformemente.
e) Adorne con cebollas verdes en rodajas antes de servir.

JÍCAMA

16. Tazón de sushi de aguacate

INGREDIENTES:
- 1½ tazas de arroz para sushi tradicional preparado
- ¼ de jícama, pelada y cortada en palitos
- ½ chile jalapeño, sin semillas y picado en trozos grandes
- Jugo de ½ lima
- 4 cucharadas de aderezo de arroz para sushi
- ¼ de aguacate, pelado, sin semillas y cortado en rodajas finas
- 2 ramitas de cilantro fresco, para decorar

INSTRUCCIONES:
a) Mezcle los palitos de jícama, el jalapeño picado, el jugo de limón y el aderezo de arroz para sushi en un tazón.
b) Deja que los sabores se mezclen durante al menos 10 minutos.
c) Escurre el líquido de la mezcla de jícama.
d) Mójate las yemas de los dedos antes de agregar ¾ de taza de arroz para sushi a cada tazón.
e) Aplana suavemente la superficie del arroz.
f) Coloque la mitad de la jícama marinada encima de cada tazón.
g) Divida las rodajas de aguacate entre los 2 tazones, sobre el arroz.
h) Para servir, cubra cada tazón con una ramita de cilantro fresco y salsa Ponzu.

17.Spam a la parrilla y ensalada de patatas

INGREDIENTES:
- 1 lata de fiambre spam
- 1 cebolla; cortar en gajos
- 3 chiles jalapeños; cortado en cubitos
- 2 tazas de jícama segmentada
- 2 tazas Peladas; Manzanas ácidas segmentadas
- 2 tazas de calabacín segmentado
- ½ taza de aceite
- 2 cucharadas de salsa picante de Chi-Chi
- 1 cucharada de vinagre
- ½ cucharadita de pimienta negra molida

INSTRUCCIONES:
a) En una plancha a fuego moderado -alto, cocine las patatas fritas, la cebolla y los chiles jalapeños durante 7 a 10 minutos o hasta que se doren.
b) En un plato , mezcle la jícama, la manzana y el calabacín. En un plato pequeño , mezcle el aceite, la salsa, el vinagre y la pimienta. vierta el aderezo sobre la mezcla de jícama; mezclar para mezclar .
c) Para servir, coloque la mezcla de verduras alrededor de la mezcla tibia de Spam.

18. Rollitos de primavera de mariscos fritos

INGREDIENTES:
RELLENO:
- 8 onzas de fideos de arroz finos (bollo)
- 6 champiñones chinos secos
- 1 cucharada de champiñones de oreja de árbol secos
- 6 castañas de agua o ½ jícama pequeña, peladas y picadas
- 4 onzas de carne de cangrejo fresca o enlatada, cortada y escurrida
- 8 onzas de camarones crudos, sin cáscara, desvenados y picados
- 12 onzas de paleta de cerdo molida
- 1 cebolla mediana, picada
- 4 chalotes, picados
- 4 dientes de ajo, picados
- 2 cucharadas de Nuoc mam (salsa de pescado vietnamita)
- 1 cucharadita de pimienta negra recién molida
- 3 huevos

MONTAJE Y FREÍR:
- ½ taza de azúcar
- 80 rondas pequeñas de papel de arroz, cada una de 6 ½ pulgadas de diámetro
- Aceite de maní, para freír
- Nuoc Cham
- Plato de verduras

INSTRUCCIONES:
a) Comienza hirviendo los fideos hasta que estén cocidos.
b) Además, prepare el plato de verduras y Nuoc Cham. Déjalos a un lado.

PREPARAR EL RELLENO:
c) Remoja los dos tipos de champiñones en agua caliente hasta que se ablanden, aproximadamente 30 minutos. Escurrirlas y quitarles los tallos. Exprime los champiñones para extraer el exceso de líquido y luego pícalos.
d) En un tazón grande, combine los champiñones picados con todos los demás ingredientes del relleno .
e) Usa tus manos para mezclar todo bien. Deja la mezcla de relleno a un lado.

MONTAR LOS ROLLOS:

f) Llena un bol con 4 tazas de agua tibia y disuelve el azúcar en él. Esta agua endulzada ayudará a ablandar el papel de arroz y le dará un color dorado intenso cuando se fríe.
g) Trabaja solo con 4 hojas de papel de arroz a la vez, manteniendo el resto cubierto con un paño apenas húmedo para evitar que se doble. Sumerge una hoja en agua tibia y retírala rápidamente, extendiéndola sobre una toalla seca. Asegúrese de que las hojas no se toquen entre sí, ya que se volverán flexibles en cuestión de segundos.
h) Dobla el tercio inferior de cada ronda de papel de arroz. Coloque 1 cucharadita generosa de relleno en el centro de la porción doblada y presiónela hasta formar un rectángulo compacto. Dobla un lado del papel sobre la mezcla y luego el otro lado. Enrolle de abajo hacia arriba para encerrar completamente el relleno. Repita este proceso hasta utilizar toda la mezcla de relleno.

FREÍR LOS ROLLOS:
i) Si es posible, utilice 2 sartenes para freír. Vierta de 1 a 1½ pulgadas de aceite de maní en cada sartén y caliéntelo a 325 °F (163 °C).
j) En tandas, agregue algunos de los panecillos a cada sartén, asegurándose de que no se amontonen ni se toquen entre sí para evitar que se peguen. Freír a fuego moderado durante 10 a 12 minutos, volteándolos con frecuencia hasta que estén dorados y crujientes.
k) Con unas pinzas, retira los panecillos fritos y déjalos escurrir sobre toallas de papel. Mantenlos calientes en el horno bajo mientras fríes los panecillos restantes.
l) Tradicionalmente, el Cha Gio se sirve con los acompañamientos sugeridos: hojas de lechuga, tiras de fideos y diversos ingredientes del Plato de Verduras, todo envuelto y bañado en Nuoc Cham.
m) Para una opción de porción alternativa, divida los fideos y los ingredientes del plato de verduras de manera uniforme en tazones individuales. Cubra cada uno con trozos cortados de Cha Gio, maní tostado molido y Nuoc Cham.
n) Como aperitivo rápido y fácil, Cha Gio se puede servir solo con Nuoc Cham.

19.Langosta ahumada con té de lichi negro

INGREDIENTES:
- 2 langostas de maine
- 2 tazas arroz blanco
- 2 tazas azúcar morena
- 2 tazas Té de lichi negro
- 2 Mango maduro
- ½ taza bastones de jícama
- ½ taza Gasa de menta
- ½ taza Gasa de albahaca
- 1 taza Hilos de frijol mungo, blanqueados
- salsa de cangrejo
- 8 Hojas de papel de arroz

INSTRUCCIONES:
a) Precalienta una sartén profunda de hotel hasta que esté muy caliente.
b) Agregue arroz, azúcar y té a la sartén profunda e inmediatamente coloque la langosta en la sartén perforada poco profunda encima.
c) Sellar rápidamente con papel de aluminio. Cuando el ahumador comience a humear, ahúme la langosta durante 10 minutos a fuego lento o hasta que esté bien cocida. Enfríe la langosta y luego corte las colas en tiras largas.
d) Combine la jícama, la menta, la albahaca y la hebra de frijol y mezcle con la salsa de pescado.
e) Remoja papel de arroz en agua tibia y coloca algunas de las mezclas sobre el papel ablandado. Incrustaciones de tiras de langosta ahumada y rodajas de mango.
f) Enrollar y dejar reposar durante 10 minutos. Envuelva bien los rollos individualmente con una envoltura de plástico para asegurar que mantengan la humedad.

20. Carpaccio de atún Ceviche de jícama

INGREDIENTES:
- 1 libra de atún grado sushi
- 1 cebolla morada; finamente cortado en cubitos
- ¼ de taza de maíz fresco; finamente cortado en cubitos
- 1 taza de jícama; finamente cortado en cubitos
- 1 limón; jugo
- 1 lima; jugo
- 1 naranja; jugo
- 1 manojo de cebollino
- ½ taza de wasabi en polvo
- 1 taza de agua

INSTRUCCIONES:

a) Corte el atún en 6 porciones iguales, unte aceite sobre papel encerado y coloque el papel entre cada trozo de atún. Golpee hasta obtener el tamaño deseado con un cuchillo de carnicero y luego enfríe en una nevera.

b) En un tazón mediano, agregue todas las verduras y todo el jugo de limón, lima y naranja. Dejamos macerar todo durante 10 minutos. Drene el líquido. Platos fríos.

c) Retire el Carpaccio de la nevera y retire la capa superior de papel encerado, voltee el atún en el plato y luego vierta el ceviche en partes iguales entre todos los platos.

d) Mezcla wasabi y agua y ponlos en una botella con atomizador. Rocíe por encima.

21. Papas fritas con jícama al horno con salsa de lima y cilantro

INGREDIENTES:
PARA LA JICAMA Papas Fritas
- 1 jícama grande
- 1 cucharada de aceite de oliva
- ½ cucharadita de chile en polvo
- ¼ cucharadita de comino
- ¼ cucharadita de ajo en polvo
- Sal y pimienta para probar

PARA EL DIP DE LIMA Y CILANTRO:
- ½ taza de yogur griego natural
- 1 cucharada de jugo de lima
- 1 cucharada de cilantro fresco picado
- Sal al gusto

INSTRUCCIONES:
a) Precalienta el horno a 220 °C (425 °F) y cubre una bandeja para hornear con papel pergamino.
b) Pela la jícama y córtala en tiras tipo fritura.
c) En un tazón, mezcle las papas fritas con jícama con aceite de oliva, chile en polvo, comino, ajo en polvo, sal y pimienta hasta que estén bien cubiertas.
d) Coloca las papas fritas con jícama en una sola capa sobre la bandeja para hornear.
e) Hornee durante 25-30 minutos, volteando a la mitad, hasta que las papas fritas estén tiernas y crujientes.
f) Mientras tanto, prepare la salsa de lima y cilantro combinando el yogur griego, el jugo de lima, el cilantro picado y la sal en un bol.
g) Revuelva hasta que esté bien combinado.
h) Retire las papas fritas de jícama del horno y sírvalas calientes con la salsa de lima y cilantro.

22. Ensalada de maíz dulce, jícama y tequila

INGREDIENTES:
- 6 mazorcas de maíz
- 2 jícama
- 1 pimiento rojo, finamente picado
- 1 pimiento amarillo, finamente picado
- 3 espinacas tiernas
- 2 cucharadas de piñones

VENDAJE:
- Jugo de 3 limas
- 2 cucharadas de tequila
- 1 cucharadita de vinagre de vino blanco
- ½ taza de aceite de oliva
- 1 pizca de comino
- 1 pizca de Cayena

INSTRUCCIONES:

a) Cocine el maíz en agua con sal hasta que esté tierno. Retire el maíz de la mazorca.
b) Pelar y cortar en juliana la jícama. Picar los pimientos rojos y amarillos.
c) Ponga todos los ingredientes para el aderezo en una cacerola mediana excepto el aceite y deje hervir.
d) Emulsiona lentamente el aceite en la base y reserva.
e) Mezcle las espinacas, la jícama y el maíz y aliñe.
f) Divida la mezcla en partes iguales entre seis platos y decore con pimientos y piñón.

23. Ensalada de frutas con albahaca y jícama

INGREDIENTES:
- 1 taza de uvas, rojas, sin semillas
- 1 taza de uvas, verdes, sin semillas
- 1 taza de melón, melón dulce o mango, en cubos
- 1 taza de trozos de piña, frescos
- 1 naranja, pelada, cortada en rodajas y en cuartos
- 1 nectarina, en cubos
- ½ taza de fresas partidas por la mitad
- ½ taza de jícama, pelada y cortada en trozos de cerilla
- ¼ taza de jugo de naranja
- 1 cucharada de albahaca, fresca, picada O
- 1 cucharadita de albahaca, seca, triturada
- Manantiales de albahaca, opcionales

INSTRUCCIONES:
a) En un tazón mediano, combine todos los ingredientes excepto las ramitas de albahaca y mezcle suavemente.
b) Para servir, decora con una ramita de albahaca.

APIONACO

24. Soufflé de apio nabo y queso

INGREDIENTES:
- 1¾ taza de apio nabo, pelado y cortado en cubitos
- 2 huevos de gallinas camperas
- ½ taza de leche semidesnatada con 2% de grasa
- 1 cucharada de harina de maíz
- 4 cucharadas de queso maduro medio graso, rallado
- 2 cucharadas de parmesano finamente rallado
- ¼ de cucharadita de nuez moscada recién rallada
- ¼ de cucharadita de sal marina, dividida
- ¼ de cucharadita de pimienta negra recién molida
- 2 pulverizaciones de aceite de oliva en spray

INSTRUCCIONES:

a) Precaliente el horno a 170 ° C, ventilador, 375 ° F, marca de gas 5. Engrase el interior de 2 moldes para horno y colóquelos en una fuente para asar.

b) Pelar el apio nabo y cortarlo en trozos. Agregue esto y ⅛ de cucharadita de sal a una cacerola con agua hirviendo y cocine durante 4-5 minutos hasta que estén tiernos.

c) Escurre el apio y haz puré en un mini procesador de alimentos hasta que quede suave, luego transfiérelo a un tazón.

d) Si no tienes un mini procesador de alimentos, simplemente machaca el apio en un tazón con un tenedor hasta que quede suave.

e) Sazone el apio nabo con sal, pimienta y nuez moscada recién rallada. Ralla el queso y mézclalo.

f) Separar los huevos, colocar las claras en un bol limpio y poner las yemas en el bol con el apio.

g) Batir las yemas de huevo con el puré de apio y reservar.

h) Aflojar la harina de maíz con la leche y verter la mezcla en la cacerola.

i) Calienta a fuego medio, batiendo todo el tiempo, hasta que la salsa espese, luego cocina por un minuto más.

j) Agrega 5 cucharadas de la mezcla de queso rallado a la salsa y bate hasta que se derrita. No te preocupes si tu salsa es mucho más espesa de lo que sería una salsa para verter, esta salsa espesa tiene la consistencia correcta para hacer el soufflé.

k) Incorpora la salsa de queso a la mezcla de apio.

l) Pon la tetera a hervir.

m) Con un batidor limpio, bata las claras hasta que formen picos rígidos, pero no bata demasiado.
n) La clara del huevo debe estar firme y los picos deben mantener su forma sin que quede clara líquida.
o) Use una espátula o una cuchara de metal y agregue 1 cucharada a la mezcla de apio para aligerarla.
p) Luego agregue la mitad de la clara de huevo restante a la mezcla de apio.
q) Con un ligero toque, dóblelo rápidamente, cortando la mezcla y dándole la vuelta, hasta que todo esté bien combinado pero aún ligero y aireado.
r) Repita con la clara de huevo batida restante. Vierta la mezcla uniformemente entre los moldes preparados y espolvoree sobre el queso rallado restante.
s) Coloque los moldes en la fuente para asar y vierta con cuidado unos 2,5 cm/1" de agua hirviendo en la fuente para asar, teniendo cuidado de no salpicar los moldes.
t) Colocar en el horno y cocinar durante 20-25 minutos hasta que los soufflés estén bien leudados y dorados.
u) ¡Sirva directamente del molde y cómelo inmediatamente!

25. Sopa de apio nabo y manzana con nueces trituradas

INGREDIENTES:
- 1 cebolla, pelada y picada en trozos grandes
- 1 apio nabo (600–800 g), pelado y cortado en cubitos
- 2 manzanas de Cox, peladas, sin corazón y picadas en trozos grandes
- 2 cucharadas de aceite de oliva
- 1 cucharada de hojas de tomillo
- 1 litro de caldo de verduras
- Sal marina y pimienta blanca o negra recién molida
- Servir
- Un puñado grande de nueces, picadas en trozos grandes
- Aceite de oliva virgen extra, para rociar

INSTRUCCIONES:
a) Prepare la cebolla, el apio y las manzanas como se indica.
b) Coloca una cacerola grande a fuego medio y agrega el aceite de oliva. Cuando esté caliente, agregue la cebolla con una pizca de sal y cocine durante 4 a 5 minutos, o hasta que esté suave pero sin color.
c) Agrega el apio, las manzanas y las hojas de tomillo y cocina por 5 minutos.
d) Vierta el caldo de verduras y cocine a fuego lento. Continúe cocinando a fuego lento durante 5 minutos más o hasta que el apio esté tierno.
e) Retire la sartén del fuego y use una batidora de mano para mezclar bien. Sazone con sal y pimienta, luego pruebe y agregue más condimentos según sea necesario.
f) Sirva en tazones calientes, espolvoree con las nueces picadas y rocíe con un poco de aceite de oliva virgen extra antes de servir.

26. Schnitzel de cerdo con remoulade de apio nabo

INGREDIENTES:
- 2 x 220 g de chuletas de cerdo deshuesadas
- 50 g de harina común
- 1 huevo
- 80 g de pan rallado fresco
- 1 cucharadita de eneldo seco
- 1 cucharadita de pimentón
- Aceite vegetal, para freír
- Sal marina y pimienta negra recién molida
- Para la remoulade
- 200 g de apio nabo, pelado y cortado en juliana
- 2 cucharadas de mayonesa
- 1 cucharadita de mostaza integral
- 2 cucharadas de crema agria
- 1 cucharada de perejil de hoja plana finamente picado
- Exprimir jugo de limón

SERVIR
- 2 puñados pequeños de berros
- Rodajas de limón (opcional)

INSTRUCCIONES:

a) Con un cuchillo afilado, retire la grasa de cada chuleta de cerdo. Colóquelos entre dos trozos de film transparente y utilice un mazo o un rodillo para aplanarlos hasta obtener un grosor de 5 mm.

b) Pon la harina en un recipiente poco profundo, sazona con sal y pimienta y mezcla bien. Batir ligeramente el huevo en un segundo recipiente poco profundo. Coloque el pan rallado en un tercer tazón poco profundo y mezcle con el eneldo y el pimentón. Sazone ambos lados de las chuletas, luego cubra cada una primero con harina, luego con huevo y finalmente con pan rallado.

c) Para la remoulade, ponga el apio, la mayonesa, la mostaza, la crema agria y el perejil en un bol grande y mezcle bien. Agrega un poco de jugo de limón y sazona al gusto. Dejar de lado.

d) Calentar 1 cm de aceite vegetal en una sartén. Cuando esté caliente, agregue con cuidado los escalopes y cocine durante 2 a 3 minutos por cada lado. Escurrir sobre papel de cocina.

e) Sirva los escalopes con una cucharada generosa de remoulade, un puñado de berros y una rodaja de limón (si se usa) a un lado.

27.Risotto de Ajo con Codornices

INGREDIENTES:
- apio nabo 1/2 pequeño, cortado en trozos de 1 cm
- aceite de oliva
- ajo 1 cabeza, dientes pelados
- romero 1 ramita
- chalota 1, finamente picada
- puerro 1, finamente picado
- hojas de tomillo 1 cucharadita
- mantequilla 100g
- arroz para risotto 400g
- aceite vegetal
- caldo de pollo 1,5 litros
- Queso ecorino 80g, finamente rallado
- perejil de hoja plana un puñado pequeño, picado
- codorniz 4, limpia y espaciada

INSTRUCCIONES:

a) Calentar el horno a 180C/ventilador 160C/gas 4. Poner el apio nabo cortado en cubitos en una bandeja para horno. Sazona y rocía con un poco de aceite vegetal. Ase durante 15 minutos o hasta que estén tiernos y dorados.

b) Mientras tanto, poner en una sartén pequeña el ajo, el romero y 100ml de aceite de oliva (para que el ajo quede sumergido, añadir más aceite si es necesario) y calentar a fuego lento durante 10 minutos, o hasta que el ajo esté suave y ligeramente dorado.

c) Retirar y enfriar el aceite. Puedes usar el aceite de ajo sobrante para cocinar, pero guárdalo en el refrigerador y úsalo dentro de una semana.

d) Sofreír la chalota, el puerro y el tomillo con 50g de mantequilla y 50ml de aceite de oliva. Estación. Cuando las verduras estén blandas añade el arroz y revuelve hasta que todos los granos estén cubiertos.

e) Calienta suavemente durante 1 minuto para romper el arroz (esto permite una absorción más fácil).

f) Añade 500ml de caldo al risotto y remueve hasta que se absorba todo. Repita otras 2 veces. Esto debería tomar alrededor de 20 minutos. Agregue más caldo si es necesario para obtener una consistencia cremosa.

g) Retirar del fuego cuando el arroz esté tierno, añadir el apionabo, el resto de la mantequilla, el queso y el perejil y sazonar. Cubrir con una tapa y dejar reposar.

h) Enciende el horno a 200C/ventilador 180C/gas 6. Calienta una plancha a fuego medio. Engrase y sazone las codornices, luego coloque las aves con la piel hacia abajo en la plancha durante 4 minutos hasta que estén doradas y carbonizadas.

i) Voltear y cocinar por 2 minutos más. Transfiera a una bandeja para hornear y ase durante 10 a 15 minutos hasta que esté bien cocido y los jugos salgan claros. Descanse durante 2 minutos bajo papel de aluminio. Divida el risotto entre platos calientes.

j) Cortar las codornices por la mitad a lo largo del lomo y ponerlas sobre el risotto. Con el dorso de un cuchillo aplastar los ajos confitados y esparcirlos por encima.

28. Crema de Mejillones al Azafrán

INGREDIENTES:

- 750 g (1 libra 10 oz) de mejillones pequeños, limpios
- 4 cucharadas de vino blanco seco
- 50 g (2 onzas) de mantequilla
- 225 g (8 oz) de apio nabo pelado y picado
- 125 g (4½ oz) de puerro en rodajas
- 1 diente de ajo pequeño, picado
- unos 750 ml de caldo de pescado
- una buena pizca de hebras de azafrán
- 175 g (6 oz) de tomates maduros en rama
- 4 cucharadas de crema fresca

INSTRUCCIONES:

a) Pon los mejillones y 2 cucharadas de vino en una cacerola mediana. Coloque a fuego alto y cocine durante 2 a 3 minutos o hasta que los mejillones recién se hayan abierto.

b) Derrita la mantequilla en una sartén limpia, agregue el apio, el puerro, el ajo y el vino restante. Tapar y cocinar a fuego lento durante 5 minutos.

c) Ponga todo menos la última cucharada o dos del licor de mejillón en una jarra medidora grande y complete hasta 900 ml con el caldo de pescado. Añade a la sartén las verduras junto con el azafrán y los tomates, tapa y cocina a fuego lento durante 30 minutos.

d) Deje que la sopa se enfríe un poco y luego mezcle hasta que quede suave. Primero pasar por un colador, luego pasar una vez más por un chino en una cacerola limpia y llevar nuevamente a ebullición. Agregue la crème fraîche y un poco de condimento al gusto.

e) Retire la sartén del fuego y agregue los mejillones para calentarlos brevemente, pero no permita que se cocinen más de lo que ya están.

RAÍZ DE LOTO

29. Sopa de raíz de loto y champiñones

INGREDIENTES:
- 340 g de raíz de loto, limpia y cortada en trozos
- 40 g de musgo de mar
- 8 piezas de champiñones chinos
- 8 piezas de ostra seca
- 2 litros de caldo de pollo claro

INSTRUCCIONES:
a) Remojar el champiñón y cortar el tallo hasta dejarlo limpio.
b) Remoje y limpie las ostras secas y el musgo marino.
c) Agregue todos los ingredientes a la olla y déjala hervir.
d) Baje el fuego y cocine por 2 horas.
e) Sazonar con sal.

30. Raíz de loto y jugo de mandarina

INGREDIENTES:
- 1 zanahoria
- 1 sección de raíz de loto
- 1 pizca de gengibre
- 4 mandarinas

INSTRUCCIONES:
a) Pele la raíz de loto, frote la zanahoria y retire la cáscara de la raíz de mandarina y jengibre.
b) ¡Exprima los ingredientes y sirva inmediatamente!

31. Raíz de loto salteada con semillas de sésamo

INGREDIENTES:
- 1 raíz de loto, pelada y cortada en rodajas finas
- 2 cucharadas de aceite de sésamo
- 1 cucharada de salsa de soja
- 1 cucharada de miel
- 1 cucharadita de semillas de sésamo
- Cebollas verdes picadas (para decorar)

INSTRUCCIONES:
a) Calienta aceite de sésamo en un wok o sartén.
b) Añade las rodajas de raíz de loto y sofríe hasta que estén ligeramente tiernas.
c) En un tazón pequeño, mezcle la salsa de soja y la miel, luego vierta sobre la raíz de loto.
d) Continúe salteando hasta que la raíz de loto esté cubierta y caramelizada.
e) Espolvoree semillas de sésamo y decore con cebollas verdes picadas antes de servir.

32.Chips de raíz de loto

INGREDIENTES:
- 1 raíz de loto, pelada y cortada en rodajas finas
- 2 cucharadas de aceite de oliva
- Sal y pimienta para probar
- Pimentón para darle más sabor (opcional)

INSTRUCCIONES:
a) Precalienta el horno a 375°F (190°C).
b) Mezcle las rodajas de raíz de loto con aceite de oliva, sal, pimienta y pimentón.
c) Extienda las rodajas en una sola capa sobre una bandeja para hornear.
d) Hornee durante 15-20 minutos o hasta que las patatas fritas estén doradas y crujientes.
e) Dejar que se enfríe antes de servir.

33. Salteado de raíz de loto y cerdo

INGREDIENTES:
- 1 raíz de loto, pelada y cortada en rodajas finas
- 1/2 libra de lomo de cerdo, en rodajas finas
- 2 cucharadas de salsa de soja
- 1 cucharada de salsa de ostras
- 1 cucharada de jengibre, picado
- 2 dientes de ajo, picados
- 1 cucharada de aceite vegetal

INSTRUCCIONES:
a) Calienta aceite vegetal en un wok o sartén.
b) Sofría las rodajas de cerdo hasta que se doren, luego agregue el jengibre y el ajo.
c) Añade las rodajas de raíz de loto y continúa salteando hasta que la raíz de loto esté tierna.
d) Incorpora la salsa de soja y la salsa de ostras, asegurándote de que todo esté bien cubierto.
e) Sirva caliente sobre arroz.

34. Ensalada de raíz de loto y camarones

INGREDIENTES:
- 1 raíz de loto, pelada y cortada en juliana
- 1/2 libra de camarones, cocidos y pelados
- 1 pepino, en rodajas finas
- 2 cucharadas de vinagre de arroz
- 1 cucharada de salsa de soja
- 1 cucharadita de azúcar
- 1 cucharadita de aceite de sésamo
- Semillas de sésamo para decorar

INSTRUCCIONES:
a) Blanquee la raíz de loto en agua hirviendo durante 2-3 minutos y luego enfríe en agua con hielo.
b) En un tazón, combine la raíz de loto, los camarones cocidos y las rodajas de pepino.
c) En un tazón pequeño, mezcle el vinagre de arroz, la salsa de soja, el azúcar y el aceite de sésamo.
d) Vierta el aderezo sobre la ensalada y revuelva para combinar.
e) Adorne con semillas de sésamo antes de servir.

35.Sopa de pollo y raíz de loto

INGREDIENTES:
- 1 raíz de loto, pelada y cortada en rodajas
- 1/2 libra de pechuga de pollo, en rodajas
- 4 tazas de caldo de pollo
- 1 taza de hongos shiitake, rebanados
- 1 cucharada de jengibre rallado
- Sal y pimienta para probar
- Cilantro fresco para decorar

INSTRUCCIONES:
a) En una olla, ponga el caldo de pollo a fuego lento.
b) Agregue rodajas de raíz de loto, pollo, hongos shiitake y jengibre rallado.
c) Cocine a fuego lento hasta que la raíz de loto esté tierna y el pollo cocido.
d) Sazone con sal y pimienta al gusto.
e) Adorne con cilantro fresco antes de servir.

NABO SUECO

36. empanadas de barbacoa

INGREDIENTES:
- 4 bases para tarta congeladas; descongelado
- 1¼ libras de cerdo desmenuzado
- 4 patatas moderadas ; cortado en cubitos
- 1 cebolla grande; cortado en cubitos
- ¼ de taza de rutabaga; cortado en cubitos
- 1 zanahoria cortada en cubitos
- ½ cucharada de salvia
- ½ cucharada de tomillo
- Sal y pimienta

INSTRUCCIONES:
a) Mezcle todos los ingredientes y coloque ¼ en cada base de pastel. superponga la masa sobre el relleno para hacer pasteles en forma de luna fraccionada .
b) Sella los bordes y corta un par de pequeñas hendiduras en la parte superior.
c) Ase durante 15 minutos.

37. Guiso de patatas con rutabaga

INGREDIENTES:
- 1 libra de carne molida magra
- 1 cebolla, picada
- 4 tallos de apio, picados
- 3/4 taza de salsa de tomate
- 7 tazas de agua
- 1/2 taza de zanahorias pequeñas
- 1 colinabo pequeño, picado
- 4 patatas grandes, picadas
- 1 repollo pequeño, finamente picado

INSTRUCCIONES:
a) En una olla, revuelva y cocine el apio, la cebolla y la hamburguesa a fuego medio hasta que la carne se dore. Drene el exceso de grasa.
b) Incorpora las patatas, el colinabo, las zanahorias pequeñas, el agua y el ketchup. Hervir.
c) Cocine a fuego lento durante 20 minutos a fuego lento.
d) Agrega el repollo picado. Cocine a fuego lento hasta que las verduras estén tiernas durante 30 a 45 minutos.

38.Estofado de carne con vegetales de raíz

INGREDIENTES:
- 1 libra de carne molida magra (90% magra)
- 1 cebolla mediana, picada
- 2 latas (14-1/2 onzas cada una) de caldo de res reducido en sodio
- 1 batata mediana, pelada y cortada en cubitos
- 1 taza de zanahorias en cubos
- 1 taza de colinabo pelado en cubos
- 1 taza de chirivías peladas en cubos
- 1 taza de papas peladas en cubos
- 2 cucharadas de pasta de tomate
- 1 cucharadita de salsa inglesa
- 1/2 cucharadita de tomillo seco
- 1/4 cucharadita de sal
- 1/4 cucharadita de pimienta
- 1 cucharada de maicena
- 2 cucharadas de agua

INSTRUCCIONES:

a) En una tetera grande o en una olla, cocine la cebolla y la carne a fuego medio hasta que no quede rosado; luego escurrir.

b) Agregue pimienta, sal, tomillo, salsa inglesa, pasta de tomate, verduras y caldo. Dejar hervir. Bajar el fuego; cocine a fuego lento mientras está tapado durante 30 a 40 minutos, hasta que las verduras se ablanden.

c) En un tazón pequeño, combine el agua y la maicena hasta que quede suave; mezclar con el guiso. Poner a hervir; cocine y mezcle durante 2 minutos, hasta que espese.

39. Salchicha De Pavo Con Verduras De Raíz

INGREDIENTES:

- 1 paquete (14 onzas) de kielbasa de pavo ahumado, cortado en trozos de 1/2 pulgada
- 1 cebolla mediana, picada
- 1 taza de colinabo pelado en cubos
- 1 taza de zanahorias en rodajas
- 1 cucharadita de aceite de canola
- 4 tazas de papas peladas en cubitos
- 1 lata (14-3/4 onzas) de caldo de pollo reducido en sodio
- 1 cucharadita de tomillo seco
- 1/4 cucharadita de salvia frotada
- 1/4 cucharadita de pimienta
- 1 hoja de laurel
- 1/2 repollo mediano, cortado en 6 gajos
- 1 cucharadita de harina para todo uso
- 1 cucharada de agua
- 1 cucharada de perejil fresco picado
- 2 cucharaditas de vinagre de sidra

INSTRUCCIONES:

a) Cocine las zanahorias, el colinabo, la cebolla y las salchichas en una olla con aceite hasta que la cebolla esté tierna, o unos 5 minutos. Poner laurel, pimienta, salvia, tomillo, caldo y patatas. Hervir. Cubra con los gajos de repollo. Baje el fuego y cocine a fuego lento, tapado, hasta que el repollo y las papas estén tiernos, o aproximadamente de 20 a 25 minutos.

b) Transfiera el repollo con cuidado a un tazón para servir poco profundo; luego manténgase caliente. Retire la hoja de laurel. Mezclar agua y harina hasta que queden

c) liso; Incorpora la mezcla de salchicha. Hierva y cocine mientras revuelve hasta que espese, o aproximadamente 2 minutos. Agregue el vinagre y el perejil. Agrega encima del repollo con una cuchara.

40. Rica sopa de gulash húngaro

INGREDIENTES:
- 1-1/4 libras de carne para estofado de res, cortada en cubos de 1 pulgada
- 2 cucharadas de aceite de oliva, dividido
- 4 cebollas medianas, picadas
- 6 dientes de ajo, picados
- 2 cucharaditas de pimentón
- 1/2 cucharadita de semillas de alcaravea, trituradas
- 1/2 cucharadita de pimienta
- 1/4 cucharadita de pimienta de cayena
- 1 cucharadita de mezcla de condimentos sin sal
- 2 latas (14-1/2 onzas cada una) de caldo de res reducido en sodio
- 2 tazas de papas peladas en cubitos
- 2 tazas de zanahorias rebanadas
- 2 tazas de colinabos pelados en cubos
- 2 latas (28 onzas cada una) de tomates cortados en cubitos, sin escurrir
- 1 pimiento rojo dulce grande, picado
- 1 taza (8 onzas) de crema agria sin grasa

INSTRUCCIONES:

a) En una olla, dore la carne en 1 cucharada de aceite a fuego medio. Saca la carne; dejar escurrir la grasa.

b) Luego, calienta el aceite restante en la misma sartén; Saltee el ajo y la cebolla a fuego medio hasta que estén ligeramente dorados, de 8 a 10 minutos. Agrega la mezcla de condimentos, la cayena, la pimienta, la alcaravea y el pimentón; cocine y revuelva por un minuto.

c) Vuelva a colocar la carne en la sartén. Agrega los colinabos, las zanahorias, las papas y el caldo; llevar a ebullición. A continuación, baje el fuego; tapar y guisar durante 1 1/2

d) horas, o hasta que la carne esté casi tierna y las verduras tiernas.

e) Agregue el pimiento rojo y los tomates; volver a hervir. Luego reduzca el fuego; cubra y cocine durante 30 a 40 minutos más, o hasta que la carne y las verduras estén suaves. Disfrútelo con crema agria.

41. Horneado de trigo sarraceno con tubérculos

INGREDIENTES:
- Aceite en aerosol para cocinar
- 2 patatas grandes, en cubos
- 2 zanahorias, en rodajas
- 1 colinabo pequeño, en cubos
- 2 tallos de apio, picados
- ½ cucharadita de pimentón ahumado
- ¼ de taza más 1 cucharada de aceite de oliva, cantidad dividida
- 2 ramitas de romero
- 1 taza de sémola de trigo sarraceno
- 2 tazas de caldo de verduras
- 2 dientes de ajo, picados
- ½ cebolla amarilla, picada
- 1 cucharadita de sal

INSTRUCCIONES:
a) Precalienta la freidora a 380 °F. Cubra ligeramente el interior de una cacerola con capacidad para 5 tazas con aceite de oliva en aerosol. (La forma de la cacerola dependerá del tamaño de la freidora, pero debe poder contener al menos 5 tazas).
b) En un tazón grande, mezcle las papas, las zanahorias, el colinabo y el apio con el pimentón y ¼ de taza de aceite de oliva.
c) Vierta la mezcla de verduras en la cazuela preparada y cubra con las ramitas de romero. Coloque la cacerola en la freidora y hornee por 15 minutos.
d) Mientras se cocinan las verduras, enjuague y escurra los granos de trigo sarraceno.
e) En una cacerola mediana a fuego medio-alto, combine los cereales, el caldo de verduras, el ajo, la cebolla y la sal con la cucharada restante de aceite de oliva. Lleva la mezcla a ebullición, luego reduce el fuego a bajo, tapa y cocina durante 10 a 12 minutos.
f) Retire la cacerola de la freidora. Retire las ramitas de romero y deséchelas. Vierta el trigo sarraceno cocido en el plato con las verduras y revuelva para combinar. Cubra con papel de aluminio y hornee por 15 minutos más.
g) Revuelva antes de servir.

42. Lubina con tubérculos asados

INGREDIENTES:
- 1 zanahoria, cortada en cubitos pequeños
- 1 chirivía, cortada en cubitos pequeños
- 1 colinabo, cortado en cubitos pequeños
- ¼ taza de aceite de oliva
- 2 cucharaditas de sal, divididas
- 4 filetes de lubina
- ½ cucharadita de cebolla en polvo
- 2 dientes de ajo, picados
- 1 limón, en rodajas y gajos adicionales para servir

INSTRUCCIONES:
a) Precalienta la freidora a 380 °F.
b) En un tazón pequeño, mezcle la zanahoria, la chirivía y el colinabo con aceite de oliva y 1 cucharadita de sal.
c) Sazone ligeramente la lubina con la cucharadita de sal restante y la cebolla en polvo, luego colóquela en la canasta de la freidora en una sola capa.
d) Extienda el ajo sobre cada filete y luego cúbralo con rodajas de limón.
e) Vierta las verduras preparadas en la canasta alrededor y encima del pescado. Ase durante 15 minutos.
f) Sirva con rodajas de limón adicionales si lo desea.

43. Estofado de ternera carnívora con tubérculos

INGREDIENTES:
- 2 libras de carne para estofado de res
- 1/3 taza de harina para todo uso
- Una pizca de sal marina fina
- 3 cucharadas de grasa animal
- 3 tazas de caldo de res dividido
- 6 chalotas francesas peladas y cortadas por la mitad
- 2 cebollas pequeñas peladas y cortadas en 8
- 2 dientes de ajo picados
- 1 libra de colinabo pelado y cortado en cubos de 1 pulgada
- 3 zanahorias medianas peladas y cortadas en monedas
- 1 cucharadita de mostaza Dijon

INSTRUCCIONES:

a) Precalienta el horno a 275°F.
b) Agregue 1 cucharadita de sal marina fina a la harina. Espolvoree 4 cucharadas de harina sazonada sobre la carne y mezcle bien la carne con la harina.
c) A fuego medio, derrita 1 cucharada de grasa animal en una olla grande.
d) Agrega la carne y dora toda la carne, volteando cada pieza con unas pinzas. Dejar de lado.
e) Vierta aproximadamente 1/2 taza de caldo de res en la sartén para desglasar; Raspe el fondo para quitar todos los trozos dorados. Vierta esta salsa sobre la carne dorada.
f) Transfiera a un tazón.
g) A fuego medio, derrite una cucharada de grasa animal en la olla. Agregue las chalotas y la cebolla.
h) Saltee durante 2 minutos y luego agregue el ajo; agregue el colinabo y las zanahorias también. Saltee durante 3-4 minutos hasta que las verduras se ablanden en los bordes.
i) Espolvoree el resto de la harina sazonada sobre las verduras (aproximadamente 2 cucharadas) y revuelva bien para cubrirlas.
j) Cocine durante aproximadamente un minuto y luego vierta el caldo de carne restante.
k) Regrese la carne y todos los jugos a la olla. Añade Dijon. Revuelva bien. Cubra la olla con una tapa hermética y colóquela en el horno.
l) Cocine a fuego lento el guiso durante 3 horas. Retire la tapa y cocine por una hora más. Deje que el guiso se enfríe durante unos 15 minutos antes de servir.
m) Servir con puré de papas.

44.Sopa de tapioca y verduras de otoño

INGREDIENTES:
- 3 tazas de caldo de verduras
- 1 ramita de romero
- 4 hojas de salvia
- 1 naranja, jugo y ralladura
- 1 colinabo pequeño, cortado en juliana
- 3 zanahorias, en rodajas
- 1 batata, pelada, cortada a lo largo y en rodajas
- 10 rábanos, en cuartos
- 2 tazas (500 ml) de leche de soja
- 1 cucharadita (5 ml) de curry en polvo
- 1 cucharadita de jengibre molido
- 1/2 cucharadita de cúrcuma molida
- 1/4 taza de perlas de tapioca grandes
- 1/2 cebolla morada, finamente picada
- 1 cucharada de perejil de hoja plana picado
- 1 cucharada de semillas de calabaza

INSTRUCCIONES:
a) Calentar el caldo de verduras con el romero, la salvia y el zumo de naranja.
b) Llevar a ebullición y agregar el colinabo, las zanahorias, las batatas y los rábanos. Cocine durante unos 15 minutos. Dejar de lado.
c) En otra cacerola calienta la leche de soja con el curry, el jengibre y la cúrcuma.
d) Cocine a fuego lento, espolvoree la tapioca y cocine a fuego lento durante 20 minutos o hasta que la tapioca se vuelva transparente.
e) Calentar el caldo con las verduras, retirar el romero y la salvia, y en el último momento añadir la mezcla de tapioca, la ralladura de naranja, la cebolla, las semillas de calabaza y el perejil.

45. Ensalada Picada Fermentada Con Rutabaga

INGREDIENTES:
- 1 rábano, finamente picado
- ½ cebolla pequeña, finamente picada
- 1 nabo, picado en trozos de ½ pulgada
- 1 zanahoria, picada en trozos de ½ pulgada
- 3 manzanas pequeñas, picadas en trozos de ½ pulgada
- Un puñado de judías verdes, picadas en trozos de 1 pulgada
- 1 colinabo, picado en trozos de ½ pulgada
- 1 a 2 hojas de parra, hojas de col rizada u otras verduras de hojas grandes (opcional)
- 3 cucharadas de sal marina fina sin refinar o 6 cucharadas de sal marina gruesa sin refinar
- 1 cuarto (o litro) de agua filtrada

INSTRUCCIONES:
a) En un tazón mediano, mezcle el rábano, la cebolla, el nabo, la zanahoria, las manzanas, las judías verdes y el colinabo; transferir a una vasija pequeña.
b) Coloque las hojas de parra u otras verduras de hojas verdes sobre los ingredientes de la ensalada picados para ayudar a mantenerlos bajo la salmuera y péselos con pesas aptas para alimentos o con un frasco o recipiente con agua.
c) En una jarra o taza medidora grande, disuelva la sal en el agua, revolviendo si es necesario para que la sal se disuelva. Vierta la salmuera sobre la ensalada, cubra con una tapa o un paño y déjela fermentar durante una semana.
d) Retire las pesas y retire y deseche las hojas de parra u otras verduras de hojas verdes. Distribuya en frascos o en un tazón, cubra y refrigere, donde la ensalada debería durar de seis meses a un año.

46. Sopa de pollo y tubérculos de otoño

INGREDIENTES:
- 1 paquete de base de sopa de crema, preparada
- 1 libra de pechuga de pollo, deshuesada y sin piel
- ¼ taza de jugo de limón
- 4 c/u. Dientes de ajo, machacados
- ¼ taza de aceite de oliva
- 8 oz. Trocitos de cebolla
- 8 oz. Camote, pelado y cortado en cubitos
- 4 onzas. Chirivía, pelada y cortada en cubitos
- 4 onzas. Zanahorias, peladas y cortadas en cubitos
- 4 onzas. Rutabaga, pelada y cortada en cubitos
- 4 onzas. Nabos, pelados y cortados en cubitos
- 2 c/u. Dientes de ajo, picados
- 3 tazas de base de pollo, preparada
- ¼ de taza de salvia, fresca, picada
- Según sea necesario Sal kosher y pimienta molida
- Según sea necesario Rúcula tierna, frita (opcional)

INSTRUCCIONES:

a) Prepare la base de sopa de crema según las instrucciones del paquete.
b) Combine las pechugas de pollo, el jugo de limón, el ajo y el aceite de oliva en una bolsa con cierre y deje marinar en refrigeración durante 1 hora.
c) Precalienta el horno de convección a 375°F. Coloque el pollo escurrido en una bandeja para hornear forrada con papel pergamino y sazone con sal y pimienta. Ase durante 12 minutos por lado o hasta que la temperatura interna alcance los 165°F. Enfriar y desmenuzar el pollo.
d) Derrita la mantequilla en una olla aparte. Agregue las cebollas, las batatas, las chirivías, las zanahorias, el colinabo y los nabos. Cocine hasta que las cebollas estén transparentes.
e) Agregue la base de pollo preparada a la mezcla de verduras, deje hervir, reduzca el fuego y cocine a fuego lento hasta que las verduras estén tiernas.
f) Agregue la base de sopa de crema preparada, el pollo desmenuzado y la salvia picada. Coloque a fuego medio y cocine hasta que la sopa alcance los 165°F. Espera para el servicio.
g) Sazone al gusto y decore con rúcula frita al gusto.

47.Sopa de pavo del festival de otoño

INGREDIENTES:
- 2,5 onzas Manteca
- 12,5 onzas. Cebollas, blancas, picadas
- 12,5 onzas. Chirivías, peladas y cortadas en cubitos
- 12,5 onzas. Nabos, pelados y cortados en cubitos
- 12,5 onzas. Rutabagas, peladas y cortadas en cubitos
- 12,5 onzas. Zanahorias, peladas y cortadas en cubitos
- 12,5 onzas. Batatas, peladas y cortadas en cubitos
- 2,5 cuartos. Base de Turquía
- 1 c/u. Base de sopa de crema, 25,22 oz. bolsa, preparada
- 40 onzas Pechuga de pavo, asada, cortada en cubitos
- ½ taza de salvia, fresca, picada
- Según sea necesario Sal kosher
- Según sea necesario Pimienta molida
- Queso cheddar, rallado, según sea necesario

INSTRUCCIONES:
a) En una olla grande a fuego medio, derrita la mantequilla. Saltee las cebollas, las chirivías, los nabos, los colinabos, las zanahorias y las batatas durante 10 minutos.
b) Agregue la base de pavo a la mezcla de verduras, deje hervir, reduzca el fuego y cocine a fuego lento hasta que las verduras estén tiernas, aproximadamente 20 minutos.
c) Agrega la base de sopa crema, el pavo y la salvia. Mezcle para combinar, cocine a fuego lento durante 30 minutos o hasta que esté completamente caliente. Pruebe y ajuste los condimentos.
d) Adorne con queso cheddar.

48.Sopa de cordero y tubérculos

INGREDIENTES:
- 1 libra de carne de cordero guisada, en cubitos
- 1 cebolla, picada
- 2 dientes de ajo, picados
- 2 tazas de caldo de pollo
- 1 taza de chirivías picadas
- 1 taza de colinabo cortado en cubitos
- 1 taza de zanahorias picadas
- 1 taza de papas cortadas en cubitos
- 1 cucharadita tomillo
- Sal y pimienta
- Aceite de oliva

INSTRUCCIONES:
a) En una olla grande o en una cacerola, caliente un poco de aceite de oliva a fuego medio-alto.
b) Agregue el cordero y cocine hasta que se dore por todos lados.
c) Retire el cordero con una espumadera y reserve.
d) Agrega la cebolla y el ajo a la olla y cocina hasta que se ablanden, aproximadamente 5 minutos.
e) Agregue el caldo de pollo, las chirivías, el colinabo, las zanahorias, las papas y el tomillo y deje hervir.
f) Reduzca el fuego y cocine a fuego lento durante 45-50 minutos, o hasta que las verduras estén tiernas.
g) Vuelva a colocar el cordero en la olla y cocine durante 5 a 10 minutos más, o hasta que esté completamente caliente.
h) Sazone con sal y pimienta al gusto y sirva caliente.

49.Sopa De Rabo De Toro Con Rutabaga

INGREDIENTES:
- 3 ½ libras de rabo de toro
- 3 hojas de laurel
- 1 tallos de apio, picados
- 2 tazas de judías verdes
- 1 colinabo, cortado en cubitos
- 14 onzas de tomates enlatados cortados en cubitos
- ¼ de taza de ghee
- 1 ramita de tomillo
- 1 ramita de romero
- 2 puerros, rebanados
- 2 ½ cuartos de agua
- 2 cucharadas. Jugo de limon
- ¼ cucharadita de clavo molido
- Sal y pimienta para probar

INSTRUCCIONES:
a) Derrita el ghee en su IP en SALTEAR.
b) Añade los rabos de toro y cocina hasta que se doren. Es posible que deba trabajar en lotes aquí.
c) Vierta el agua y agregue el tomillo, el romero, las hojas de laurel y los clavos.
d) Cocine a temperatura ALTA durante 1 hora.
e) Haga una liberación de presión natural.
f) Retire la carne del IP y desmenúcela sobre una tabla de cortar.
g) Agrega el colinabo y los puerros a la olla y cierra la tapa.
h) Cocine a temperatura ALTA durante 5 minutos.
i) Agregue las verduras restantes y cocine por 7 minutos más.
j) Agrega la carne y cierra nuevamente.
k) Cocine a temperatura ALTA durante 2 minutos.
l) Agrega el jugo de limón y sazona con sal y pimienta.
m) ¡Servir y disfrutar!

50. Empanadas de patata begedil

INGREDIENTES:
- Nabo sueco
- Coliflor
- 2 chalotes pequeños
- cucharada Carne molida
- 1 cucharada. hojas de apio picadas
- 1 cucharada. cebolla verde picada
- 1/2 cucharadita Pimienta Blanca (o Pimienta Negra)
- 1/4 cucharadita Sal
- 1 Huevo grande (se usa poco)
- 4 cucharadas Aceite de coco

INSTRUCCIONES:

a) Rebane 5 oz. Rutabaga en trozos pequeños y sofreír hasta que se dore con 1 cucharada. Aceite de coco.

b) Con un mortero, machacar el colinabo frito hasta que esté suave. Alternativamente, use un procesador de alimentos. Cuando esté listo, reserve.

c) Microondas 5 oz. Coliflor hasta que esté suave y machacar con un mortero (o usar un procesador de alimentos).

d) Cortar en rodajas finas 2 chalotes. Con un wok pequeño y poco profundo (para crear un aceite más profundo pero se usa poco) y 1 cucharada. Aceite de coco, freír hasta que estén dorados y crujientes pero no quemados. Dejar de lado.

e) Con el mismo aceite sofreír 4 cdas. Carne molida hasta que se dore. Sazone con Sal y Pimienta al gusto.

f) En un tazón, agregue el colinabo machacado y la coliflor, la chalota frita, la carne molida cocida y 1 cucharada. cada una de las hojas de apio y la cebolla verde, 1/2 cucharadita. Pimienta Blanca (o Pimienta Negra) y 1/4 de Sal. Mezclar bien.

g) Saque aproximadamente 1 cucharada. de la mezcla y darle forma de hamburguesa pequeña. Hice 10 hamburguesas en total.

h) Batir 1 huevo en otro tazón y cubrir cada hamburguesa pero no completamente (hacer cada una antes de freír).

i) Freír las hamburguesas en tandas con aceite de coco hasta que se doren. Yo usé 2 cucharadas. Aceite de coco en total para esto (dos lotes, 1 cucharada cada uno).

j) Servir con guiso o solos.

51. Cosecha de verduras y quinua.

INGREDIENTES:
- 1½ taza de quinua
- 4 tazas de agua
- ½ cucharadita de sal
- 1 nabo mediano; pelado y en cubos
- 4 zanahorias medianas
- 1 colinabo pequeño; pelado y en cubos
- 1 taza de calabaza pelada en cubos
- 1 cucharadita de aceite de oliva
- 1 cebolla amarilla pequeña; cortado en cubitos
- 1 diente de ajo grande; picado
- ¼ de taza de hojas de salvia frescas picadas
- Sal y pimienta blanca

INSTRUCCIONES:

a) En una cacerola mediana, combine la quinua enjuagada con agua y sal. Deje hervir, luego cocine a fuego lento, tapado, hasta que esté cocido (aproximadamente 10 minutos). Escurrir, enjuagar con agua fría y reservar.

b) Combine los nabos, las zanahorias, el colinabo y la calabaza en una olla grande con una vaporera de verduras. Cocine las verduras al vapor durante 7 a 10 minutos o hasta que estén tiernas.

c) En una sartén antiadherente grande, saltee la cebolla y el ajo en aceite hasta que se ablanden, aproximadamente 4 minutos. Agregue las hojas de salvia y cocine hasta que la salvia esté ligeramente dorada y fragante, de 1 a 2 minutos.

d) Agregue la quinua y las verduras a la sartén y revuelva bien para combinar. Agregue sal y pimienta al gusto, caliente si es necesario y sirva caliente.

52.Pot-Au-Feu clásico

INGREDIENTES:
- 2 cucharadas de aceite de oliva
- ½ cucharadita de pimienta negra
- 4 tallos de apio, en cubos
- 4 zanahorias, peladas y en cubos
- 4 patatas Yukon Gold, en cubos
- 4½ tazas de agua
- 1 cabeza de ajo, cortada por la mitad en forma transversal
- 1¾ cucharaditas de sal kosher
- 5 ramitas de tomillo fresco
- 2 libras de carne asada, deshuesada y recortada
- 3 hojas de laurel
- 2 puerros, cortados por la mitad a lo largo
- 1 colinabo, en cubos
- ¼ de taza de crema fresca
- 1½ libras de costillas de res con hueso, recortadas
- 2 cucharadas de cebollino fresco en rodajas finas
- pepinillos
- mostaza de Dijon
- Rábano picante preparado

INSTRUCCIONES:
a) Calienta una sartén antiadherente a fuego moderado. Cocine el asado en aceite en la sartén caliente, hasta que se dore por todos lados, durante 5 minutos.
b) Sazone bien con sal y pimienta.
c) Mueva el asado a una olla de cocción lenta de 6 cuartos.
d) Agregue las costillas a la grasa reservada en la sartén caliente y cocine, volteándolas para que se doren por todos lados, durante 6 minutos.
e) Transfiera las costillas a la olla de cocción lenta, reservando la grasa en la sartén. Agregue tomillo, hojas de laurel, ajo y agua a la grasa reservada en la sartén caliente, revolviendo para soltar los trozos dorados del fondo de la sartén; vierta en la olla de cocción lenta.
f) Cocine a fuego lento durante 5 horas.
g) Mezcle el colinabo, el puerro, el apio, las papas, las zanahorias y el colinabo. Cocine a fuego lento, aproximadamente 3 horas.
h) deseche el ajo, las ramitas de tomillo y las hojas de laurel.
i) Corte el asado en rodajas y sírvalo con costillas, mitades de puerro, apio, patatas, zanahorias y colinabo en una fuente para servir.
j) Rocíe con la cantidad deseada de líquido de cocción y sirva con la crema fresca, el cebollino, los pepinillos, la mostaza de Dijon, el rábano picante y el líquido de cocción restante.

53. Bocaditos de tocino y queso

INGREDIENTES:
- 1/2 libra de colinabo, rallado
- 4 rebanadas de tocino carnoso, picado
- 7 onzas de queso gruyere, rallado
- 3 huevos batidos
- 3 cucharadas de harina de almendras
- 1 cucharadita de ajo granulado
- 1 cucharadita de chalota en polvo
- Sal marina y pimienta negra molida, al gusto.

INSTRUCCIONES:

a) Agregue 1 taza de agua y un salvamanteles de metal a Instant Pot.

b) Mezcla todos los ingredientes anteriores hasta que todo esté bien incorporado.

c) Coloca la mezcla en una bandeja para vainas de silicona previamente engrasada con aceite en aerosol antiadherente. Cubre la bandeja con una hoja de papel de aluminio y bájala sobre el salvamanteles.

d) Asegure la tapa. Elija el modo "Manual" y Baja presión; cocine por 5 minutos. Una vez que se complete la cocción, use un dispositivo de liberación rápida de presión; Retire con cuidado la tapa. ¡Buen provecho!

NABOS

54. Cazuela De Nabos Y Cebolla

INGREDIENTES:
- 2½ libras nabos amarillos o colinabos (aproximadamente 8 tazas cortados en cubitos)
- ⅔ taza de lomo o guarnición de cerdo fresca, magra y grasa, finamente picada; o 3 cucharadas de mantequilla o aceite de cocina
- ⅔ taza de cebollas finamente picadas
- 1 cucharada de harina
- ¾ taza de caldo de res
- ¼ cucharadita de salvia
- Sal y pimienta
- 2 a 3 cucharadas de perejil fresco picado

INSTRUCCIONES:

a) Pele los nabos, córtelos en cuartos y luego en rodajas de ½ pulgada; corte las rodajas en tiras de ½ pulgada y las tiras en cubos de ½ pulgada. Colóquelos en agua hirviendo con sal y hierva sin tapar de 3 a 5 minutos, o hasta que estén ligeramente tiernos. Drenar.

b) Si usa carne de cerdo, saltee lentamente en una cacerola de 3 cuartos hasta que esté ligeramente dorada; de lo contrario, agrega la mantequilla o el aceite a la sartén. Agregue las cebollas, cubra y cocine lentamente durante 5 minutos sin que se dore. Incorpora la harina y cocina lentamente durante 2 minutos.

c) Retirar del fuego, agregar el caldo, volver al fuego y llevar a fuego lento. Agregue la salvia y luego agregue los nabos. Sazone al gusto con sal y pimienta.

d) Tape la sartén y cocine a fuego lento durante 20 a 30 minutos, o hasta que los nabos estén tiernos.

e) Si la salsa está demasiado líquida, destape y hierva lentamente durante varios minutos hasta que el líquido se reduzca y espese. Sazón correcto. (Se puede cocinar con anticipación. Dejar enfriar sin tapar; tapar y cocinar a fuego lento unos momentos antes de servir).

f) Para servir, agregue el perejil y conviértalo en una fuente caliente para servir.

55.Vino de nabo mago

INGREDIENTES:
- 6 libras nabos o colinabos
- 1 galón de agua
- 2½ libras azúcar o 3 libras. Miel
- ralladura y jugo de 3 naranjas
- Jugo y ralladura de 2 limones grandes o 3 cucharaditas. mezcla de ácido
- 1 cucharadita nutriente de levadura
- ¼ cucharadita tanino
- 1 tableta Campden, triturada (opcional)
- ½ cucharadita enzima péctica
- 1 paquete de levadura de champagne o jerez

INSTRUCCIONES:

a) Frote bien los nabos, cortándoles la punta y los extremos de las raíces. Pícalos o córtalos en rodajas en agua fría y luego caliéntalos. COCINA A fuego lento, sin que hierva, durante 45 minutos.

b) Retire la ralladura de los cítricos (sin la médula blanca) y exprima el jugo. Coloque la ralladura en una pequeña bolsa coladora de nailon en el fondo del fermentador primario.

c) Cuela los nabos (y los granos de pimienta, si los usaste) del agua. Puedes utilizar las chirivías como alimento si así lo deseas.

d) Retire aproximadamente un litro de agua para volver a agregarla más tarde si no tiene suficiente. Es difícil decir cuánto habrá perdido en vapor mientras cocina. Agrega el azúcar o la miel y cocina a fuego lento hasta que el azúcar se disuelva. Si usa miel, cocine a fuego lento durante 10 a 15 minutos, revolviendo y quitando la espuma.

e) Vierta el agua caliente en un fermentador primario desinfectado sobre la ralladura. Agrega los jugos de frutas. (Puedes reservar un poco de jugo de naranja y agua vegetal adicional para comenzar con la levadura más tarde, si lo deseas). Verifica si tienes un galón de mosto. Si no, completar con el agua reservada.

f) Agregue una mezcla de nutrientes de levadura, taninos y ácidos si no usó limones. Cubra y coloque una esclusa de aire. Deja enfriar el mosto y añade la pastilla Campden, si optas por utilizar una. Doce horas después de la tableta de Campden, agregue la enzima péctica. Si no utilizas la tableta, simplemente espera hasta que el mosto se enfríe para agregar la enzima péctica. Veinticuatro horas después, comprobar la PA y añadir la levadura.

g) Revuelva diariamente. En aproximadamente dos semanas, consulte el megafonía. Saque la bolsa de ralladura y déjela escurrir nuevamente al recipiente. No aprietes. Deseche la ralladura. Deje que el vino se asiente y transfiéralo a un fermentador secundario.

h) Tápelo y ajuste con una esclusa de aire. Acumule según sea necesario en los próximos seis meses aproximadamente. Consulte la megafonía. Cuando fermente, embotellelo. Prefiero este vino seco. Puede endulzar el vino si lo desea antes de embotellarlo agregando estabilizador y de 2 a 4 onzas de jarabe de azúcar por galón.

56.Nabos estofados de Acción de Gracias

INGREDIENTES:
- ½ libra de nabos, pelados y cortados en gajos
- 2 cucharadas de pasta de tomate
- 2 cucharadas de mantequilla vegana
- 1 cebolla, pelada y cortada en cubitos
- 1 cucharadita de tomillo seco
- 1 zanahoria, pelada y cortada en cubitos
- 1 hoja de laurel
- 2 tallos de apio, cortados en cubitos
- Sal y pimienta
- 1½ tazas de caldo o agua
- 2 cucharadas de mantequilla vegana, ablandada
- 1 Cucharadas de harina

INSTRUCCIONES:
a) En una sartén, derrita la mantequilla vegana. Agrega la cebolla, el apio y la zanahoria.
b) Cocine por aproximadamente 5 minutos. Agregue el caldo, la pasta de tomate, el tomillo y la hoja de laurel a la mezcla de nabos, cebolla, zanahoria y apio.
c) Cocine durante 30 a 40 minutos, tapado, en un horno a 350°F.
d) Mientras se cuecen los nabos, haz una pasta con mantequilla vegana y harina.
e) Transfiera los nabos a una fuente para servir y manténgalos calientes en la sartén.
f) En una cacerola, cuele el líquido de estofado. Agrega trozos de la mezcla vegana de mantequilla y harina a la salsa y bate hasta que espese.
g) Sazone con sal y pimienta y luego vierta la salsa sobre los nabos.

57. Sopa taiwanesa de pastel de nabo

INGREDIENTES:
PARA LA TORTA DE NABO:
- 2 tazas de harina de arroz
- 2 tazas de agua
- 2 tazas de nabo rallado (rábano daikon)
- ¼ de taza de camarones secos, remojados y picados
- ¼ de taza de champiñones secos, remojados y cortados en cubitos
- 2 cucharadas de chalotes, picados
- 2 cucharadas de aceite vegetal
- 2 cucharadas de salsa de soja
- 1 cucharadita de sal
- ½ cucharadita de pimienta blanca

PARA LA SOPA:
- 4 tazas de caldo de pollo
- 2 tazas de agua
- 2 cebollas verdes, picadas
- Sal y pimienta para probar

INSTRUCCIONES:
PARA LA TORTA DE NABO:
a) En un tazón, combine la harina de arroz y el agua. Revuelve bien hasta que la mezcla esté suave y sin grumos.
b) Calienta el aceite vegetal en una sartén grande o en un wok a fuego medio.
c) Agrega las chalotas picadas, los camarones secos y los champiñones secos a la sartén. Sofríe durante unos 2 minutos hasta que esté fragante.
d) Agrega el nabo rallado a la sartén y sofríe durante otros 2-3 minutos hasta que el nabo se ablande un poco.
e) Vierte la mezcla de harina de arroz en la sartén y revuelve continuamente para evitar que se formen grumos.
f) Agrega la salsa de soja, la sal y la pimienta blanca a la sartén. Revuelva bien para combinar todos los ingredientes.
g) Cocina la mezcla a fuego medio, revolviendo constantemente, hasta que espese y forme una consistencia pegajosa.
h) Engrasa un molde para pastel cuadrado o redondo y vierte en él la mezcla del pastel de nabo. Alise la superficie.
i) Cocine el pastel de nabo al vapor a fuego alto durante unos 45-50 minutos hasta que esté firme y bien cocido.
j) Retiramos el bizcocho de nabo de la vaporera y dejamos enfriar por completo.
k) Una vez enfriado, retira el pastel de nabo del molde y córtalo en los trozos deseados.

PARA LA SOPA:
l) En una olla grande, combine el caldo de pollo, el agua y las cebollas verdes picadas. Lleva la mezcla a ebullición.
m) Agregue el pastel de nabo en rodajas a la olla y déjelo hervir a fuego lento durante unos 5 minutos para que se caliente.
n) Sazone la sopa con sal y pimienta al gusto.
o) Sirva caliente la sopa taiwanesa de pastel de nabo como un plato reconfortante y sabroso.

58. Lechugas mixtas con buñuelos de nabo

INGREDIENTES:
- ¼ taza de mantequilla
- 1 taza de cebolla picada
- 1 taza de cebollas verdes picadas
- 2 tallos de apio, picados
- 2 cucharadas de raíz de jengibre finamente picada
- 2 dientes de ajo, finamente picados
- 1 libra de nabos pequeños con puntas verdes
- 10 tazas de agua
- 2 cubitos de caldo de pollo extra grandes
- ½ taza de vino blanco seco o agua
- ¼ taza de maicena
- 6 tazas de hojas de espinacas frescas enteras empacadas
- 1¼ cucharadita de pimienta negra molida
- ½ cucharadita de sal
- ¼ de taza de harina para todo uso sin tamizar
- 1 huevo grande, ligeramente batido
- Aceite vegetal para freír

INSTRUCCIONES:
a) Prepara las verduras.
b) Rallar en trozos grandes los nabos enfriados.
c) Combine los nabos rallados, la harina, el huevo y el ¼ de cucharadita restante de pimienta y sal.
d) Agregue cucharaditas colmadas de la mezcla de buñuelos a la sartén y fría, volteando, hasta que se doren por ambos lados.

BERENJENAS

59. Tacos de crepe de garbanzos con berenjena

INGREDIENTES:
- 2 ¼ tazas de harina de garbanzos
- ¼ taza de yogur natural
- 2 ½ cucharaditas de sal (divididas)
- 3 ½ cucharadas de aceite de oliva
- ¼ kg de ternera (molida)
- 1 ½ cucharaditas de comino (molido)
- ¼ cucharadita de hojuelas de pimiento rojo (triturado)
- 1 libra de berenjenas y córtelas en cubos de 1" de tamaño
- 3 dientes de ajo (en rodajas finas)
- ¼ de taza de pasas (doradas)
- ¼ taza de vino tinto
- 15 onzas de tomates (cortados en cubitos)
- ¼ taza de piñones (tostados)

INSTRUCCIONES:

a) En un tazón mediano, bate la harina de garbanzos junto con el yogur, 1 ¼ cucharadita de sal y agua (2 tazas y 1 cucharada) y reserva.
b) A fuego medio-alto, en una sartén grande, calienta 1 cucharada de aceite. Agrega la ternera, el pimiento rojo, el comino y ¼ de cucharadita de sal a la sartén para cocinar la ternera.
c) Asegúrate de romper y revolver la ternera con frecuencia para que no se apelmace. Cuando la ternera comience a dorarse (después de unos 4 minutos), retire la carne y las especias de la sartén y colóquelas en un tazón mediano.
d) Calienta 2 cucharadas de aceite en la sartén antes de agregar la berenjena y el resto de la sal. Cocine la berenjena durante 5 minutos o hasta que se dore por todos lados.
e) Ahora agregue el ajo y revuelva ocasionalmente hasta que adquiera un color marrón claro.
f) Agrega las pasas y el vino para cocinar la mezcla. Recuerda revolver continuamente, durante un minuto, para que la mezcla se caliente uniformemente.
g) Agrega los tomates cortados en cubitos (con jugo), la mezcla de cordero, los piñones y ¼
h) Vaso de agua. Remueve y reduce el fuego a fuego medio para que la mezcla
i) puede hervir a fuego lento. Revuelva de vez en cuando. En unos 15 minutos, cuando la mayor parte del jugo se evapore, cerrar el fuego.
j) Agita el aceite restante en una sartén antiadherente de 8 pulgadas, límpialo con una toalla de papel para dejar solo una capa de aceite en la sartén y caliéntalo a fuego medio-alto.
k) Batiendo la mezcla de harina, vierta aproximadamente un tercio de taza en la sartén.
l) Agite para cubrir completamente la sartén con la masa, para hacer una crepe, cocinando ambos lados hasta que se doren. Retira el crepe de la sartén y repite el proceso con la masa restante.
m) Vierta el relleno de cordero sobre los panqueques.
n) Sirva con vegetales verdes, yogur y rodajas de limón.

60. Huevos de berenjena en un agujero

INGREDIENTES:
- 1 berenjena
- 1 cucharada de aceite de oliva (o ghee si lo tolera)
- 6 huevos
- ¼ cucharadita de sal
- ¼ cucharadita de pimienta
- 2 cucharadas de cebollino (OPCIONAL)
- 1 aguacate (OPCIONAL)
- ¼ de taza de tomates cherry cortados en cuartos (OPCIONAL)

INSTRUCCIONES:
a) Precalienta el horno a 400 grados Fahrenheit (200 grados Celsius).
b) Corta la berenjena en rodajas de aproximadamente 1 pulgada de grosor, creando unos 6 círculos.
c) En el centro de cada círculo de berenjena, corte un agujero de aproximadamente 1 pulgada de diámetro (consulte las notas como guía).
d) Coloque los círculos de berenjena preparados en una bandeja para hornear forrada con papel pergamino. Unte cada círculo de berenjena con aceite de oliva.
e) Rompe un huevo en cada uno de los agujeros de la berenjena.
f) Espolvorea tanto los huevos como los círculos de berenjena con las cantidades especificadas de sal y pimienta.
g) Hornee en el horno precalentado durante aproximadamente 15 minutos, o hasta que los huevos alcancen el nivel de consistencia deseado.
h) Opcionalmente, decore sus huevos de berenjena en un hoyo con cebollino, rodajas de aguacate y tomates cherry cortados en cuartos.
i) ¡Disfruta de tu delicioso y saludable desayuno!

61. Shakshuka de mozzarella, champiñones y berenjena

INGREDIENTES:
PARA LA BERENJENA
- ½ berenjena grande, cortada en cubitos con piel
- 1 cucharada de aceite de oliva virgen extra
- ¼ cucharadita de sal
- 1 cucharadita de pimentón dulce
- ½ cucharadita de comino

PARA LAS SETAS
- 1 paquete (10 onzas) de champiñones baby bella, rebanados
- 1 cucharada de aceite de oliva virgen extra
- ⅛ cucharadita de sal
- ⅛ cucharadita de pimienta negra molida

PARA LA SALSA DE TOMATE
- 1 cebolla dulce grande, picada
- 2 cucharadas de aceite de oliva virgen extra
- 2 tazas de tomates enlatados cortados en cubitos
- 2 tazas de tomates triturados enlatados
- ¼ cucharadita de sal
- 1 cucharadita de pimentón dulce
- ½ cucharadita de comino
- ½ cucharadita de hojuelas de pimienta de Alepo o pimiento rojo (ajustar al gusto)
- 8 huevos
- 7-8 rondas de mozzarella natural y kosher precortada

INSTRUCCIONES:
PARA PREPARAR LA BERENJENA
a) Precalienta el horno a 375 °F (190 °C) y cubre una bandeja para hornear grande con papel pergamino.
b) Coloque la berenjena cortada en cubitos en un bol, agregue el aceite de oliva, la sal y las especias. Mezclar bien hasta que la berenjena esté bien cubierta.
c) Transfiera la berenjena sazonada a la bandeja para hornear forrada y hornee por 20 minutos. Mientras se hornea la berenjena, prepara los champiñones.

PARA PREPARAR LAS SETAS
d) Calienta el aceite de oliva en una sartén grande. Agrega los champiñones en rodajas, sal y pimienta y cocina a fuego medio durante 5-7 minutos hasta que empiecen a dorarse. Dejar de lado.

PARA PREPARAR LA SALSA DE TOMATE
e) En una sartén de 12 pulgadas, caliente el aceite de oliva a fuego medio. Agrega la cebolla picada y cocina por 20 minutos, revolviendo frecuentemente.
f) Agrega los tomates cortados en cubitos enlatados, los tomates triturados, la sal, el pimentón, el comino y la pimienta de Alepo. Cocine a fuego medio por 10 minutos más.
g) Agrega la berenjena al horno y los champiñones cocidos a la salsa y revuelve bien. La salsa se espesará.

MONTAJE Y COCCIÓN FINAL
h) Haga pequeños pocillos en la salsa de tomate para cada huevo y rompa los huevos en ellos. Coloca las rodajas de mozzarella alrededor de la salsa de tomate.
i) Tape la sartén y cocine a fuego medio hasta que las claras estén cuajadas, el queso se derrita y las yemas alcancen su consistencia preferida (líquidas o completamente cocidas).
j) ¡Disfruta de tu delicioso Shakshuka de mozzarella, champiñones y berenjena!

62. Crêpes Rellenos De Berenjena

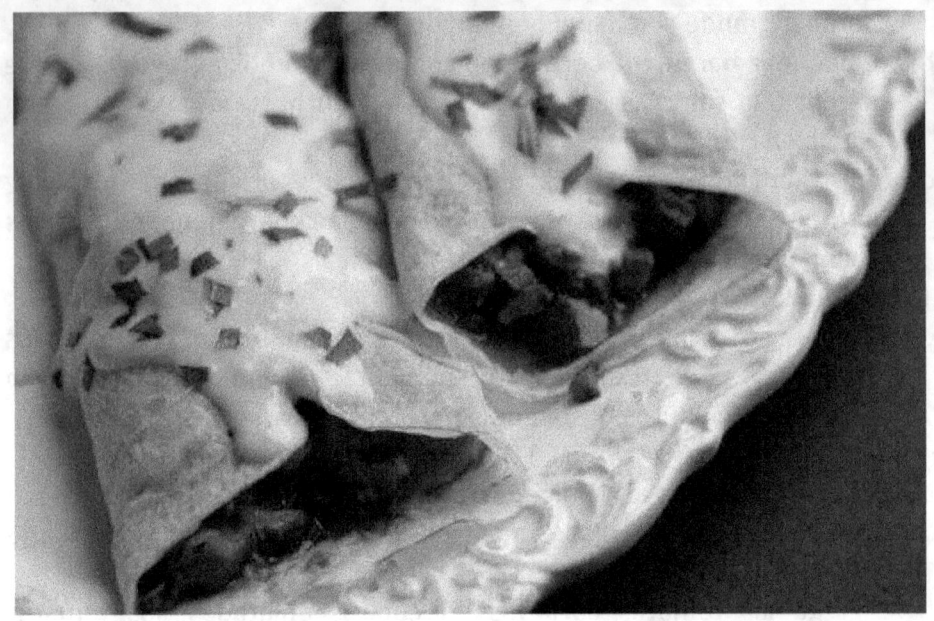

INGREDIENTES:
- 4 cucharadas de cebolla, picada
- 4 tazas de berenjena, cortada en cubitos, cocida
- 4 tazas de tomates, frescos, picados
- 1 taza de caldo de verduras
- 4 cucharadas de curry en polvo
- 1 cucharadita de canela
- 2 cucharaditas de sal
- 8 dientes de ajo, picados
- 24 crepes

INSTRUCCIONES:
a) Saltee todos los ingredientes, excepto los Crêpes, en una sartén grande a fuego medio durante 10 minutos.
b) Divida la mezcla uniformemente entre los Crêpes.
c) Enrollar y servir caliente.
d) Cubra con salsa de tomate griega.

63.Tortitas saladas de berenjena

INGREDIENTES:
PANQUEQUES:
- 1 berenjena grande
- 2 cucharadas de aceite de oliva, y más para cocinar panqueques
- 1 taza de leche de coco
- 2 huevos
- ¼ de taza de albahaca fresca, picada
- ¾ taza de harina de garbanzos
- ½ taza de harina de avena
- 2 cucharadas de levadura nutricional
- ½ cucharadita de bicarbonato de sodio
- 1 cucharadita de polvo para hornear
- ½ cucharadita de ajo en polvo
- ½ cucharadita de zaatar
- 1 cucharadita de sal marina
- ½ cucharadita de pimienta

SALSA DE PIMIENTO ROJO ASADO:
- 1 frasco de 28 onzas de pimientos rojos asados, o asar 2 pimientos rojos grandes en el horno, pelarlos y quitarles las semillas
- ¼ de taza de orégano fresco, picado
- 1 cucharadita de vinagre balsámico
- 2 cucharaditas de jugo de limón fresco
- ¼ taza de aceite de oliva extra virgen
- ⅛ cucharadita de pimienta de cayena

INSTRUCCIONES:
a) Precalienta tu horno a 375°F (190°C).
b) Corta la berenjena por la mitad y unta ambas mitades con 2 cucharadas de aceite de oliva. Colóquelos en una bandeja para hornear y áselos hasta que estén tiernos, lo que debería tomar unos 30 minutos.
c) Una vez asada, retira la pulpa de la berenjena y pícala finamente.
d) En un tazón grande, combine la berenjena picada con la leche de coco, los huevos y la albahaca picada.
e) En un tazón pequeño aparte, mezcle la harina de garbanzos, la harina de avena, la levadura nutricional, el bicarbonato de sodio, el polvo para hornear, el ajo en polvo, el za'atar, la sal marina y la pimienta.
f) Agrega los ingredientes secos a la mezcla húmeda hasta que se forme una masa bien combinada.
g) Calienta una sartén grande y agrega 1 cucharada de aceite de oliva. Vierta aproximadamente ⅓ de taza de la masa en la sartén para cada panqueque. Cuando veas que se forman pequeñas burbujas en la superficie, voltea los panqueques para cocinarlos por el otro lado. Esto debería tomar entre 2 y 3 minutos por lado.

PARA HACER LA SALSA DE PIMIENTO ROJO ASADO:
h) Coloque todos los ingredientes de la salsa (pimientos rojos asados, orégano fresco, vinagre balsámico, jugo de limón fresco, aceite de oliva virgen extra y pimienta de cayena) en una licuadora o procesador de alimentos.
i) Licue hasta que la mezcla se vuelva suave.
j) Sirva la salsa a temperatura ambiente o calentada ligeramente sobre las sabrosas tortitas de berenjena.
k) ¡Disfruta de este delicioso y único plato de panqueques salados con la sabrosa salsa de pimiento rojo asado!

64. Waffles de falafel con berenjena asada

INGREDIENTES:
PARA LOS GOFRES:
- 1 caja de mezcla de falafel
- Agua y cualquier otro ingrediente. llamado en el paquete

PARA BERENJENAS ASADAS:
- 1 berenjena pequeña
- 2 cucharaditas de sal de ajo (puedes usar ajo seco asado y sal)
- 3 cucharadas de aceite de oliva

PARA MONTAJE (ELIGE TUS FAVORITOS):
- hummus
- Pepino cortado en cubitos
- Tomate cortado en cubitos
- Tzatziki (yogur griego de pepino y eneldo)
- Queso feta
- aceitunas Kalamata
- Triángulos/chips de pita
- Cuscús preparado

INSTRUCCIONES:
PARA LOS GOFRES:
a) Prepare la mezcla de falafel según las instrucciones del paquete hasta que esté lista para cocinar.
b) Coloque ¼ de la mezcla de falafel preparada en cada sección de la plancha para gofres. Siga las instrucciones de su plancha para gofres para cocinarlos como lo haría con la masa para gofres normal.

PARA BERENJENAS ASADAS CON AJO:
c) Precalienta el horno a 450 grados Fahrenheit (230 grados Celsius).
d) Corta la berenjena en rodajas de ½ pulgada y luego corta las rodajas en cuartos para formar gajos.
e) Unte aceite de oliva en una bandeja para hornear grande y enrolle las berenjenas cortadas en el aceite para cubrirlas.
f) Espolvorea las rodajas de berenjena con sal de ajo.
g) Ase durante 10 minutos, voltee las rodajas de berenjena y luego hornee por 10 minutos más (20 minutos en total).

ARMAR:
h) Coloque un gofre de falafel en un plato.
i) Unte hummus sobre el gofre.
j) Cubra con la berenjena asada.
k) Agregue sus ingredientes favoritos, como pepino cortado en cubitos, tomate cortado en cubitos, tzatziki, queso feta desmenuzado y aceitunas kalamata.
l) Sirva sus waffles de falafel con triángulos de pita, cuscús y más aceitunas, si lo desea.
m) ¡Disfruta de esta comida única y deliciosa de inspiración mediterránea con un toque creativo!

65. Tazón de desayuno crujiente con berenjena y tocino

INGREDIENTES:
PARA EL TOCINO CRUJIENTE DE BERENJENA:
- ¼ taza de agua
- 1 ½ cucharaditas de sal kosher
- ¼ de taza de jarabe de arce
- 2 cucharadas de vinagre de sidra de manzana
- 1 cucharada de aceite de oliva
- 1 cucharada de tamari
- 1 cucharadita de pimentón dulce
- ¼ cucharadita de ajo en polvo
- ½ cucharada de humo líquido
- 1 cucharadita de pimienta negra recién molida
- 3-4 berenjenas japonesas pequeñas, cortadas en tiras finas con una mandolina

POR CADA TAZÓN DE DESAYUNO:
- 1 taza de col rizada Lacinato finamente rallada
- 1 cucharadita de aceite de oliva
- 1 cucharadita de jugo de limón
- ¼ taza de quinua cocida
- ½ aguacate, en rodajas
- 3-4 tiras de tocino de berenjena
- 1 huevo frito
- ½ cucharadita de ducá

INSTRUCCIONES:
PARA HACER EL TOCINO CRUJIENTE DE BERENJENA:
a) Combine agua, sal kosher, jarabe de arce, vinagre de sidra de manzana, aceite de oliva, tamari, pimentón dulce, ajo en polvo, humo líquido y pimienta negra en un tazón. Batir para combinar.
b) Coloque las rodajas de berenjena en capas en un plato poco profundo y vierta la marinada por encima. Deje marinar la berenjena durante 15 a 30 minutos, asegurándose de que todas las rodajas de berenjena queden sumergidas en la marinada rotándolas al menos una vez.
c) Precalienta el horno a 425°F (220°C) con una rejilla en el medio. Forre una bandeja para hornear con papel pergamino y coloque una rejilla para hornear encima.
d) Coloque las rodajas de berenjena marinadas sobre la rejilla y reserve la marinada. Hornea durante 12-14 minutos hasta que la berenjena empiece a caramelizar. Retirar del horno y dejar enfriar la berenjena sobre la rejilla.
e) Una vez que la berenjena se haya enfriado y crujiente (aproximadamente 2 minutos), vuelva a sumergir cada rebanada de tocino de berenjena en la marinada y colóquela nuevamente en la rejilla para hornear.
f) Espolvorea con sal y pimienta adicionales. Hornee por 2 minutos más, luego retírelos del horno y déjelos enfriar completamente sobre la rejilla antes de servir.

PARA CONSTRUIR UN TAZÓN DE DESAYUNO:
g) En un tazón grande para servir, combine la col rizada rallada con aceite de oliva y jugo de limón. Masajea con las manos hasta que la col rizada comience a ablandarse.
h) Incorpora la quinua cocida hasta que se incorpore, luego cubre con rodajas de aguacate, tiras de tocino de berenjena, un huevo frito y una pizca de dukkah.
i) ¡Sirve tu plato de desayuno crujiente de berenjena y tocino inmediatamente y disfrútalo!

66. Rondas de berenjena rellenas de ricotta

INGREDIENTES:
- 1 berenjena mediana
- Sal marina

RELLENO
- 6 onzas de queso ricotta
- ¼ taza de queso parmesano
- 3 cucharadas de perejil fresco
- 1 cucharadita de ajo en polvo
- 1 huevo

EMPANADO
- 2 huevos
- 1,5 tazas de migajas de corteza de cerdo
- 2 cucharaditas de condimento italiano
- ¼ taza de queso parmesano (para empanizar)

INSTRUCCIONES:

a) Corta la berenjena en rodajas de ½ pulgada. Colóquelo en una bandeja para hornear forrada con papel toalla y espolvoree sal marina por encima. Coloque toallas de papel sobre esa y otra bandeja para hornear. Agregue tazones o platos para pesar la sartén y extraer el exceso de agua durante 30 minutos.

b) Mientras suda la berenjena en rodajas, combine la ricota, el parmesano, el perejil y un huevo en un bol y reserve.

c) Retire las toallas de papel de la berenjena y limpie el exceso de sal. Extienda una cucharada colmada de la mezcla de ricotta sobre la parte superior de cada ronda y extiéndala uniformemente sobre la berenjena con un cuchillo de mantequilla. Repetir con todas las rodajas de berenjena.

d) Coloque las rodajas de berenjena con capas de ricotta en una bandeja para hornear y colóquelas en el congelador para que cuajen.

e) Una vez listo, agregue los dos huevos a un plato y luego combine los chicharrones, ¼ de taza de parmesano y los condimentos italianos en un plato aparte. Cubra cada trozo de berenjena con el huevo batido y luego con la mezcla de chicharrón. Presione hacia abajo según sea necesario para cubrir uniformemente.

f) Coloque cada ronda nuevamente en una bandeja para hornear y nuevamente en el congelador para que cuaje, aproximadamente de 30 a 45 minutos.

g) Solo 8 minutos a 375 F en la freidora es la cantidad de tiempo perfecta para obtener una capa crujiente y dorada y una berenjena perfectamente cocida.

67. Tempura de spam y berenjenas

INGREDIENTES:
- 1 lata de Spam, cortado en tiras finas
- 1 berenjena mediana, cortada en rodajas finas
- Aceite vegetal, para freír
- 1 taza de harina para todo uso
- ¼ taza de maicena
- ½ cucharadita de sal
- 1 taza de agua helada
- Salsa de soja o salsa para mojar, para servir

INSTRUCCIONES:
a) Caliente el aceite vegetal en una freidora o en una olla grande a aproximadamente 350 °F (175 °C).
b) En un tazón, combine la harina para todo uso, la maicena y la sal.
c) Agregue gradualmente el agua helada, revolviendo suavemente, hasta lograr una consistencia de masa suave. Tenga cuidado de no mezclar demasiado; está bien si quedan algunos grumos.
d) Sumerja cada rebanada de Spam y berenjena en la masa de tempura, asegurándose de que queden cubiertas uniformemente. Deje que escurra el exceso de masa antes de colocarlos con cuidado en el aceite caliente.
e) Fríe las rodajas de spam y berenjena en tandas, asegurándote de no abarrotar la freidora o la olla. Cocínelos durante unos 2-3 minutos o hasta que la masa de tempura esté dorada y crujiente.
f) Sácalos del aceite con una espumadera o unas pinzas y transfiérelos a un plato forrado con toallas de papel para absorber el exceso de aceite.
g) Repite el proceso con las rodajas restantes de Spam y berenjena hasta que estén todas cocidas.
h) Sirva la tempura de spam y berenjena caliente con salsa de soja o una salsa para acompañar de su elección.
i) Puede disfrutarlos tal cual o servirlos con una guarnición de arroz al vapor y un salteado de verduras para una comida completa.

68. chips de berenjena

INGREDIENTES:
- Berenjena cortada transversalmente en rodajas de ¼ de pulgada o en rectángulos del tamaño de un dedo
- Aceite caliente

INSTRUCCIONES:
a) Corte la berenjena transversalmente en rodajas de ¼ de pulgada o en rectángulos del tamaño de un dedo.
b) Echar inmediatamente en aceite caliente (375*) en un termómetro para freír) Freír hasta que estén dorados. Escurrir sobre papel absorbente. Sazone al gusto.
c) Servir como aperitivo o como verdura.

69. Croquetas De Berenjena

INGREDIENTES:
- 2 berenjenas, peladas y cortadas en cubitos
- 1 taza de pan rallado sazonado
- 2 cucharadas de perejil fresco, picado
- 1 diente de ajo, picado
- 1 cucharadita de sal
- 1 taza de queso picante, rallado
- 2 huevos
- 2 cucharadas de cebolla, finamente picada
- 1 taza de aceite de maíz (para freír)
- ½ cucharadita de pimienta

INSTRUCCIONES:

a) En una cacerola tapada, cocine las berenjenas en cubos en una pequeña cantidad de agua hirviendo hasta que estén tiernas, lo que debería tomar entre 4 y 5 minutos. Escurre la berenjena cocida y tritúrala con un tenedor o un machacador de patatas.

b) En un tazón, combine el puré de berenjena con pan rallado sazonado, perejil fresco picado, ajo picado, sal, queso picante rallado, huevos y cebolla finamente picada. Mezcle bien todos los ingredientes hasta que estén bien combinados.

c) Dale forma de hamburguesas a la mezcla con las manos, dándoles forma de croquetas de tamaño uniforme.

d) En una sartén o sartén grande, calienta el aceite de maíz a fuego medio-alto.

e) Freír las croquetas de berenjena en aceite caliente hasta que estén doradas y crujientes por ambos lados, lo que debería tomar unos 5 minutos por cada lado.

f) Una vez cocidas las croquetas, retíralas del aceite y colócalas sobre toallas de papel para escurrir el exceso de aceite.

g) Sirve las deliciosas Croquetas de Berenjena mientras aún estén calientes y crujientes.

h) Disfrute de estas sabrosas y sabrosas Croquetas de Berenjena como un delicioso aperitivo o una deliciosa guarnición. ¡La combinación de tierno puré de berenjena, queso, hierbas y pan rallado crea una textura y un sabor deliciosos que seguramente impresionarán tu paladar!

70. Crema De Berenjenas Y Nueces

INGREDIENTES:
- 2 cucharadas de aceite de oliva
- 1 cebolla pequeña, picada
- 1 berenjena pequeña, pelada y cortada en dados de un centímetro
- 2 dientes de ajo, picados
- 1 cucharadita de sal
- ⅛ cucharadita de cayena molida
- 1 taza de nueces picadas
- 1 cucharada de albahaca fresca picada
- 2 cucharadas de mayonesa vegana
- 2 cucharadas de perejil fresco picado, para decorar

INSTRUCCIONES:
a) En una sartén grande, calienta el aceite a fuego medio. Agrega la cebolla, la berenjena, el ajo, la sal y la cayena. Cubra y cocine hasta que esté suave, aproximadamente 15 minutos. Agregue las nueces y la albahaca y deje enfriar.
b) Transfiera la mezcla de berenjena enfriada a un procesador de alimentos. Agrega la mayonesa y procesa hasta que quede suave. Pruebe, ajuste los condimentos si es necesario, luego transfiera a un tazón mediano y decore con el perejil.
c) Si no lo usa de inmediato, cubra y refrigere hasta que lo necesite.
d) Si se almacena adecuadamente, se conservará hasta por 3 días.

71. Berenjenas fritas en tempura

INGREDIENTES:
- 1 berenjena mediana
- Aceite vegetal, para freír
- 1 taza de harina para todo uso
- ¼ taza de maicena
- ½ cucharadita de sal
- 1 taza de agua helada
- Salsa para mojar de su elección (p. ej., salsa de soja, salsa ponzu o salsa de chile dulce)

INSTRUCCIONES:

a) Corta la berenjena en rodajas o tiras, según tu preferencia. Puedes pelar la piel o dejarla puesta, según tu preferencia y la textura de la berenjena que desees.
b) Coloca las rodajas de berenjena sobre una toalla de papel y espolvoréalas con sal. Déjalos reposar durante unos 10 minutos para eliminar el exceso de humedad. Este paso ayuda a evitar que la berenjena se empape demasiado durante la fritura.
c) Mientras tanto, caliente el aceite vegetal en una freidora o en una olla grande a unos 350 °F (175 °C).
d) En un tazón, combine la harina para todo uso, la maicena y la sal. Agregue gradualmente el agua helada, revolviendo suavemente, hasta lograr una consistencia de masa suave. Tenga cuidado de no mezclar demasiado; está bien si quedan algunos grumos.
e) Seque las rodajas de berenjena con una toalla de papel para eliminar el exceso de sal y humedad.
f) Sumerja cada rodaja de berenjena en la masa de tempura, asegurándose de que quede cubierta uniformemente. Deje que escurra el exceso de masa antes de colocar con cuidado las rodajas en el aceite caliente.
g) Freír las rodajas de berenjena en tandas, asegurándose de no abarrotar la freidora o la olla. Cocínelos durante unos 2-3 minutos o hasta que la masa de tempura esté dorada y crujiente.
h) Sácalos del aceite con una espumadera o unas pinzas y transfiérelos a un plato forrado con toallas de papel para absorber el exceso de aceite.
i) Repite el proceso con las rodajas de berenjena restantes hasta que estén todas cocidas.
j) Sirva caliente la berenjena frita en tempura con la salsa de su elección. Son un delicioso aperitivo o se pueden servir como acompañamiento de una comida principal.

72. Dip de berenjena asada a las brasas ahumadas

INGREDIENTES:
- 3 berenjenas globo (alrededor de 3 libras o 1,35 kg en total)
- 1 cebolla morada, sin pelar
- 2 dientes de ajo, picados
- ¼ de taza (60 ml) de aceite de oliva, y más para rociar
- ¾ cucharadita de sal kosher y más para condimentar
- ¼ de taza (60 g) de tahini
- 2 cucharadas (30 ml) de jugo de limón fresco
- ¼ cucharadita de comino molido
- Un puñado de perejil fresco picado y más para decorar
- Pimentón ahumado, para decorar

INSTRUCCIONES:
a) Prepare un fuego caliente de un solo nivel en una fogata y extienda las brasas en un lecho plano y uniforme de al menos 2 pulgadas (5 cm) de profundidad.
b) Pincha las berenjenas en varios lugares con un tenedor.
c) Coloca las berenjenas y la cebolla morada directamente sobre las brasas. Ase, volteando ocasionalmente, hasta que las berenjenas se hayan derrumbado, su pulpa esté muy suave y la piel esté carbonizada por completo, aproximadamente 20 minutos para las berenjenas y 30 minutos para la cebolla.
d) Transfiera las verduras a una tabla de cortar y déjelas enfriar.
e) Corta las berenjenas por la mitad a lo largo. Saque la pulpa y colóquela en un colador de malla. (Está bien dejar algunos de los trozos quemados, ya que añaden sabor). Deje escurrir durante al menos 15 minutos, triturando la pulpa con el dorso de una cuchara según sea necesario para liberar el exceso de líquido.
f) Mientras tanto, corta y pela la cebolla. Píquelo en trozos grandes y transfiéralo a un procesador de alimentos. Agrega el ajo, el aceite de oliva y la sal. Pulse hasta obtener un puré con trozos. Agrega la berenjena, el tahini, el jugo de limón y el comino. Pulse hasta que los ingredientes estén combinados pero aún tengan algo de textura. Pruebe y agregue más sal, según desee.
g) Transfiera el baba ghanoush a un tazón mediano y agregue el perejil.
h) Rociar con un poco de aceite de oliva, espolvorear una pizca de pimentón por encima y decorar con perejil antes de servir.

73. Papas Fritas De Berenjena Al Horno

INGREDIENTES:
- 1 berenjena grande
- ¼ taza de harina integral
- 2 huevos batidos
- 1 taza de pan rallado integral
- ½ cucharadita de orégano seco
- ¼ cucharadita de ajo en polvo
- Sal y pimienta para probar

INSTRUCCIONES:
a) Precalienta el horno a 220 °C (425 °F) y cubre una bandeja para hornear con papel pergamino.
b) Cortar la berenjena en tiras tipo fritura.
c) Coloque la harina, los huevos batidos y el pan rallado en recipientes separados.
d) Sumerge cada tira de berenjena en la harina, luego en los huevos batidos y finalmente en el pan rallado, presionando suavemente para que se adhieran.
e) Coloque las berenjenas fritas rebozadas en una sola capa sobre la bandeja para hornear.
f) Espolvorea el orégano seco, el ajo en polvo, la sal y la pimienta sobre las berenjenas fritas.
g) Hornee durante 15-20 minutos, volteando a la mitad, hasta que las papas fritas estén doradas y crujientes.
h) Retirar del horno y servir caliente.

74. Dip de berenjena asada

INGREDIENTES:
- 3 berenjenas medianas con piel (la variedad grande, redonda y morada)
- 2 cucharadas de aceite
- 1 cucharadita colmada de semillas de comino
- 1 cucharadita de cilantro molido
- 1 cucharadita de cúrcuma en polvo
- 1 cebolla grande amarilla o morada, pelada y cortada en cubitos
- 1 trozo de raíz de jengibre, pelada y rallada o picada
- 8 dientes de ajo, pelados y rallados o picados
- 2 tomates medianos, pelados (si es posible) y cortados en cubitos
- 4 chiles verdes tailandeses, serranos o de cayena, picados
- 1 cucharadita de chile rojo en polvo o cayena
- 1 cucharada de sal marina gruesa

INSTRUCCIONES:

a) Coloque una rejilla del horno en la segunda posición más alta. Precalienta el asador a 500 °F (260 °C). Forre una bandeja para hornear con papel de aluminio para evitar que se ensucie más tarde.

b) Haz agujeros en la berenjena con un tenedor (para liberar vapor) y colócalos en la bandeja para hornear. Ase durante 30 minutos, volteando una vez. La piel quedará carbonizada y quemada en algunas áreas cuando terminen. Retira la bandeja para hornear del horno y deja enfriar la berenjena durante al menos 15 minutos. Con un cuchillo afilado, corte una división a lo largo de un extremo de cada berenjena al otro y ábrala ligeramente. Saque la pulpa asada del interior, teniendo cuidado de evitar el vapor y recuperar la mayor cantidad de jugo posible. Coloca la pulpa de berenjena asada en un tazón; tendrás aproximadamente 4 tazas (948 ml).

c) En una sartén profunda y pesada, calienta el aceite a fuego medio-alto.

d) Agregue el comino y cocine hasta que chisporrotee unos 30 segundos.

e) Agrega el cilantro y la cúrcuma. Mezclar y cocinar por 30 segundos.

f) Agrega la cebolla y dora por 2 minutos.

g) Agrega la raíz de jengibre y el ajo y cocina por 2 minutos más.

h) Agrega los tomates y los chiles. Cocine por 3 minutos, hasta que la mezcla se ablande.

i) Agrega la pulpa de las berenjenas asadas y cocina por otros 5 minutos, mezclando ocasionalmente para evitar que se pegue.

j) Agrega el chile rojo en polvo y la sal. En este punto, también debes quitar y desechar los trozos perdidos de piel de berenjena carbonizada.

k) Licue esta mezcla usando una licuadora de inmersión o en una licuadora aparte. No exageres; aún debe quedar algo de textura. Sirva con rebanadas de naan tostadas, galletas saladas o totopos. También puedes servirlo tradicionalmente con una comida india de roti, lentejas y raita.

75.Berenjenas A La Plancha Y Chaumes

INGREDIENTES:
- 3 dientes de ajo, picados
- 5 cucharadas de mayonesa
- Jugo de ½ limón o lima (aproximadamente 1 cucharada o al gusto)
- 3 cucharaditas de chile en polvo
- 1 cucharadita de pimentón
- ½ cucharadita de comino molido
- 1 pizca grande de hojas secas de orégano, trituradas
- 2 cucharadas de aceite de oliva virgen extra
- Varios batidos de salsa de chile ahumado como Chipotle Tabasco
- 2 cucharadas de cilantro fresco picado en trozos grandes
- 1 berenjena, cortada transversalmente en rodajas de ¼ a ½ pulgada de grosor
- Aceite de oliva
- 4 panecillos tiernos de masa madre o blanco, u 8 rebanadas de pan blanco o de masa madre estilo campestre
- ¾ taza de pimientos rojos y/o amarillos asados marinados, preferiblemente en salmuera
- Aproximadamente 12 onzas de queso semiblando pero sabroso

INSTRUCCIONES:

a) Para hacer el alioli de chile rojo: En un tazón pequeño, combine el ajo con la mayonesa, el jugo de limón, el chile en polvo, el pimentón, el comino y el orégano; revuelva bien para combinar. Con una cuchara o un batidor, agregue el aceite de oliva, agregando unas cucharaditas de aceite a la vez y batiendo hasta que se incorpore a la mezcla antes de agregar el resto.

b) Cuando esté suave, agregue la salsa de chile ahumado al gusto y finalmente agregue el cilantro. Cubra y enfríe hasta que esté listo para usar.

c) Para preparar la berenjena, unte ligeramente las rodajas de berenjena con aceite de oliva y caliente una sartén antiadherente a fuego medio-alto.

d) Dore las rodajas de berenjena de cada lado hasta que estén ligeramente doradas y tiernas al pincharlas con un tenedor. Dejar de lado.

e) Para hacer los sándwiches: Coloque los panecillos suaves abiertos y coloque generosamente capas de alioli de chile rojo en el interior. Coloque capas de rodajas de berenjena en un lado de los panecillos, luego los pimientos y luego una capa de queso. Cerrar y presionar bien. Unte ligeramente el exterior de cada sándwich con aceite de oliva.

f) Calienta nuevamente la sartén a fuego medio-alto, luego agrega los sándwiches y reduce el fuego a medio-bajo. Pese los sándwiches y cocine por unos minutos. Cuando el pan de abajo esté dorado y ligeramente dorado en algunos lugares, déle la vuelta y cocine el otro lado, con el mismo peso.

g) Cuando ese lado esté dorado y crujiente, el queso debe estar derretido y pegajoso; Es posible que esté rezumando un poco y quede crujiente. (No descartes estos deliciosos trozos crujientes, simplemente colócalos en cada plato junto con el sándwich).

h) Retire los sándwiches a los platos; cortar en mitades y servir.

76.Panini de berenjena a la parmesana

INGREDIENTES:
- ¼ de taza de aceite de oliva extra virgen, o al gusto, cantidad dividida
- 1 berenjena mediana, cortada en rodajas de ½ a ¾ de pulgada de grosor
- Sal
- 4 panecillos grandes, blandos, de masa madre o dulces
- 3 dientes de ajo, picados
- 8 hojas grandes de albahaca fresca
- Aproximadamente ½ taza de queso ricotta
- 3 cucharadas de queso parmesano, pecorino o Locatelli Romano recién rallado
- 7 onzas de queso mozzarella fresco
- 4 tomates maduros y jugosos, en rodajas finas (incluido su jugo)

INSTRUCCIONES:

a) Coloca las rodajas de berenjena sobre una tabla de cortar y espolvorea generosamente con sal. Déjalo reposar durante unos 20 minutos o hasta que aparezcan gotas de humedad en la superficie de la berenjena. Enjuáguelo bien y luego seque la berenjena.

b) Calienta 1 cucharada de aceite en una sartén antiadherente pesada a fuego medio. Agregue la mayor cantidad de berenjenas que quepa en una sola capa y no se amontonen. Dorar las rodajas de berenjena, moviéndolas para que se doren y se cocinen bien pero no se quemen.

c) Voltee y cocine por el segundo lado hasta que ese lado también esté ligeramente dorado y la berenjena esté tierna al pincharla con un tenedor. Cuando las berenjenas estén cocidas, retírelas a un plato o sartén y continúe agregando berenjenas hasta que estén todas cocidas. Reservar unos minutos.

d) Abra los panecillos y saque un poco del interior esponjoso, luego espolvoree cada lado cortado con ajo picado. En un lado de cada rollo, coloque una o dos rodajas de berenjena, luego cubra con una o dos hojas de albahaca, un poco de queso ricotta, una pizca de parmesano y una capa de mozzarella. Termine con tomates en rodajas; cierre y presione suavemente para sellar.

e) Calienta la misma sartén a fuego medio-alto o usa una prensa para panini y unta ligeramente los sándwiches con un poco de aceite de oliva por fuera. Dora o asa los sándwiches, presionando mientras se doran y queden crujientes.

f) Cuando el primer lado esté bien dorado, voltee y dore el segundo lado hasta que el queso se derrita. Sirva de inmediato.

77. Pizza Vegetariana De Queso A La Parrilla

INGREDIENTES:
- 16 onzas de mozzarella, en rodajas
- 15 onzas de ricota
- 4 cucharadas de parmesano, cantidad dividida
- 1 berenjena, pequeña
- 2 pimientos rojos
- 1 calabacín, grande
- ¾ taza de aceite de oliva, cantidad dividida
- 1 cucharadita de ajo fresco, picado
- 4 - 8 pulgadas de masa de pizza, precocida
- 1 ramita de romero fresco, sin tallos y finamente picado

INSTRUCCIONES:

a) Precaliente el horno a 375 grados F.

b) Pele la berenjena y córtela en rodajas de ¼ de pulgada. Corte los pimientos y los calabacines en rodajas de ¼ de pulgada. Coloque las verduras en una bandeja para hornear y cúbralas ligeramente con aceite de oliva. Hornee en el horno a 375 grados durante 15 a 20 minutos hasta que se ablanden.

c) En un tazón, agregue la ricota, el ajo y la mitad del parmesano y mezcle con un tenedor hasta que se mezclen. Doblar para que la ricotta quede más esponjosa. Dejar de lado.

d) Extienda la masa de pizza precocida y cúbrala ligeramente con el aceite de oliva restante. Espolvorea un lado con el romero picado y el resto del parmesano. Voltee y por el lado sin condimentar esparza la mezcla de ricotta. Dejar de lado.

e) Una vez que las verduras estén cocidas, monte el sándwich colocando la berenjena, el calabacín y los pimientos sobre la mitad de la base de ricotta seguido de la mozzarella. Cierra y coloca en una sartén precalentada o sartén antiadherente a fuego bajo a medio. Asegúrate de que la sartén sea más grande que la corteza.

f) Cocine durante aproximadamente 90 segundos, presionando con una espátula. Voltee y repita hasta que se dore y el queso esté completamente derretido. Retirar, cortar y servir.

78. Buñuelo de berenjena

INGREDIENTES:
- 1 berenjena pequeña
- 1 cucharadita de vinagre
- 1 huevo
- ¼ cucharadita de sal
- 3 cucharadas de harina
- ½ cucharadita de polvo para hornear

INSTRUCCIONES:
a) Pelar y cortar en rodajas las berenjenas. Cocine hasta que estén tiernos en agua hirviendo con sal.
b) Agrega vinagre y deja reposar por un minuto para evitar la decoloración.
c) Escurrir las berenjenas y hacer puré.
d) Incorpora los demás ingredientes y colócalos con una cuchara en la grasa caliente, volteando los buñuelos para que se doren uniformemente.
e) Escurrir bien sobre toallas de papel y mantener caliente.
f) Se puede añadir cebolla finamente picada, perejil, etc.

79. Sándwiches De Berenjena Al Horno

INGREDIENTES:
- 1 cucharadita de aceite de oliva
- 2 huevos
- ½ taza de harina para todo uso, o más según sea necesario
- sal y pimienta negra recién molida al gusto
- 1 pizca de pimienta de cayena o más al gusto
- 1 taza de panko rallado
- 8 rodajas de berenjena, cortadas de 3/8 de pulgada de grosor
- 2 rebanadas de queso provolone, cortado en cuartos
- 12 lonchas finas de salami
- 2 ⅔ cucharadas de aceite de oliva, cantidad dividida
- 2 ⅔ cucharadas de queso Parmigiano-Reggiano finamente rallado, cantidad dividida

INSTRUCCIONES:

a) Precaliente el horno a 425 grados F (220 grados C). Forre una bandeja para hornear con papel de aluminio.

b) Batir los huevos en un tazón pequeño y poco profundo. Mezcle la harina, la sal, la pimienta negra y la pimienta de cayena en un plato grande y poco profundo. Vierta las migas de panko en otro plato grande y poco profundo.

c) Cubra una rebanada de berenjena con ¼ de rebanada de queso provolone, 3 rebanadas de salami y ¼ de rebanada de queso provolone. Coloque encima una rodaja de berenjena del mismo tamaño. Repita con las rodajas de berenjena restantes, el queso y el salami.

d) Presione suavemente cada sándwich de berenjena en la harina sazonada para cubrirlo; sacudir el exceso. Sumerja ambos lados de cada sándwich en huevo batido y luego presione sobre el panko rallado. Colóquelo en la bandeja para hornear preparada mientras prepara los sándwiches de berenjena restantes.

e) Rocíe 1 cucharadita de aceite de oliva en un círculo de aproximadamente 3 pulgadas de diámetro sobre el papel de aluminio; Coloque un sándwich de berenjena en el área engrasada. Espolvorea aproximadamente 1 cucharadita de queso Parmigiano-Reggiano sobre el sándwich. Repita con los 3 sándwiches restantes, rociando un área del papel de aluminio con aceite de oliva, colocando un sándwich sobre el aceite y cubriendo con queso parmesano. Rocíe la parte superior de cada sándwich con 1 cucharadita de aceite de oliva.

f) Hornea en el horno precalentado durante 10 minutos. Voltee los sándwiches y espolvoree 1 cucharadita de queso Parmigiano-Reggiano por encima. Hornee hasta que se dore y un cuchillo de cocina se inserte fácilmente en la berenjena, de 8 a 10 minutos más. Servir tibio o a temperatura ambiente.

80. Bruschetta de berenjena gratinada

INGREDIENTES:
- 1 berenjena con piel
- 1 taza de salsa de tomate
- 1 taza de queso mozzarella rallado
- 1 cucharada de mejorana
- 4 Rebanadas de pan integral

INSTRUCCIONES:
a) Cortar la berenjena en rodajas redondas. Freír las rodajas en una sartén con un poco de aceite.
b) Tostar el pan. Unte la salsa de tomate sobre las tostadas.
c) Colocar encima las rodajas de berenjena. Espolvorea queso mozzarella rallado.
d) Espolvorea un poco de mejorana.
e) Colóquelo en el horno debajo del asador durante 2 a 3 minutos o hasta que el queso se dore.

81.B resaola y berenjena Bruschetta

INGREDIENTES:
- 3 cucharadas de aceite de oliva virgen
- ½ cebolla morada mediana, cortada en rodajas finas
- 2 berenjenas japonesas pequeñas
- 2 cucharadas de vinagre de vino tinto
- ½ libra de mozzarella fresca
- 8 hojas de albahaca, gasa
- 4 rebanadas grandes de país italiano
- Pan
- ¼ de libra de Bresaola, en rodajas finas como papel

INSTRUCCIONES:
a) En una sartén para saltear de 10 a 12 pulgadas, caliente el aceite de oliva hasta que humee.
b) Agregue la cebolla y cocine hasta que esté suave, aproximadamente de 9 a 10 minutos.
c) Mientras tanto, corte la berenjena en rodajas de ¼ de pulgada de grosor.
d) Cuando la cebolla se haya ablandado, agregue la berenjena a la sartén y cocine, revolviendo regularmente hasta que la berenjena se oscurezca y esté suave.
e) Agrega 2 cucharadas de vinagre de vino tinto y retira del fuego para que se enfríe.
f) Corte la mozzarella fresca en cubos de ¼ de pulgada y agréguela a la mezcla de berenjena enfriada.
g) Agrega la albahaca y sazona al gusto con sal y pimienta.
h) Ase o tueste el pan por ambos lados y vierta una cantidad generosa sobre cada rebanada de pan. Coloque 3 rodajas de Bresaola sobre la mezcla de berenjenas y sirva.

82. Ragú De Berenjenas Y Frijoles Blancos

INGREDIENTES:
- 1¼ cucharaditas de sal kosher
- 1 cucharada de pasta de tomate sin sal
- 1 pimiento verde, picado
- ¼ cucharadita de pimienta negra
- Frasco de 8½ onzas de tomates secados al sol en aceite, picados
- 1 cebolla amarilla, picada
- 3 tazas de cuscús integral cocido caliente
- Pimienta roja molida
- 1 cucharada de vinagre balsámico o de vino tinto
- 30 onzas de frijoles cannellini sin sal, escurridos y enjuagados
- 1 berenjena, pelada y en cubos
- ½ taza de caldo de verduras sin sal
- 2 cucharaditas de tomillo fresco picado
- 3 dientes de ajo, picados
- 2 cucharadas de perejil o albahaca fresca picada

INSTRUCCIONES:
a) Mezcle las berenjenas con la mitad de sal y escúrralas en un colador después de 10 minutos. Enjuague y seque.
b) En una sartén antiadherente, calienta 2 cucharadas de aceite de tomate a fuego medio-alto.
c) Agregue la berenjena y dórela por todos lados, aproximadamente 5 minutos.
d) Cocine por 2 minutos, revolviendo frecuentemente, con el ajo, la cebolla y el pimiento morrón.
e) Coloca la mezcla de berenjenas en la olla de cocción lenta.
f) Agrega los tomates picados, los frijoles, el caldo, la pasta de tomate, el tomillo, la pimienta negra y el resto de la sal.
g) Cocine a fuego lento durante 5 horas, o hasta que la berenjena esté muy suave.
h) Retire la olla de cocción lenta del fuego y agregue el perejil y el vinagre.
i) Distribuya el cuscús en cuatro platos.
j) Sobre el cuscús, vierta el ragú.
k) Tritura el pimiento rojo por encima.

83. Albóndigas De Berenjena Y Garbanzos

INGREDIENTES:
- 2 tazas de berenjena cocida, triturada
- 1 taza de garbanzos cocidos, triturados
- ½ taza de pan rallado
- ¼ taza de queso parmesano rallado
- 1 cebolla pequeña, finamente picada
- 2 dientes de ajo, picados
- 1 cucharada de albahaca fresca picada
- 1 cucharadita de orégano seco
- Sal y pimienta para probar
- 1 huevo batido

INSTRUCCIONES:
a) En un tazón grande, combine todos los ingredientes y mezcle bien.
b) Forma albóndigas con la mezcla y colócalas en una bandeja para hornear.
c) Hornee en un horno precalentado a 375°F (190°C) durante 20-25 minutos o hasta que esté dorado y crujiente.
d) Sirva con salsa marinara y espaguetis.

84. Sopa de berenjenas asadas y azafrán

INGREDIENTES:

- 1 papa Russet mediana
- Aceite de oliva
- 1 berenjena grande, sin pelar, cortada en rodajas de ¼ de pulgada de grosor
- ¼ taza de aceite de oliva
- 1 cebolla mediana; Cortado
- 4 dientes de ajo; Cortado
- ½ cucharadita de orégano seco; se desmoronó
- 5 tazas de caldo de pollo o caldo enlatado
- ⅛ cucharadita de hebras de azafrán

INSTRUCCIONES:

a) Precalienta el horno a 375F. Perfora la papa con un tenedor. Coloque la papa en la rejilla del horno y hornee hasta que esté muy suave, aproximadamente 1 hora.
b) Retirar del horno y dejar enfriar. Forre 2 bandejas para hornear con papel de aluminio y unte con aceite de oliva.
c) Coloque las rodajas de berenjena en las hojas preparadas. Hornea las berenjenas durante 15 minutos. Cubrir con papel de aluminio.
d) Hornee hasta que esté muy suave y dorado, unos 30 minutos más.
e) Calienta ¼ de taza de aceite de oliva en una cacerola grande y pesada a fuego medio-alto.
f) Agregue la cebolla, el ajo y el orégano y saltee hasta que la cebolla y el ajo estén transparentes, aproximadamente 10 minutos. Cortar la patata en trozos.
g) Combine la mezcla de papa, berenjena y cebolla en el procesador. Con la máquina en marcha, agregue gradualmente el caldo de pollo y mezcle hasta que quede suave. Transfiera a una cacerola.
h) Agregue el azafrán y cocine a fuego lento.
i) Servir caliente.

85. berenjena parmesano

INGREDIENTES:
- 2 berenjenas grandes
- Sal (para sudar la berenjena)
- 1 taza de harina para todo uso
- 4 huevos grandes, batidos
- 2 tazas de pan rallado (preferiblemente estilo italiano)
- ½ taza de queso parmesano rallado
- ½ cucharadita de orégano seco
- ½ cucharadita de albahaca seca
- ½ cucharadita de ajo en polvo
- Aceite vegetal (para freír)
- 2 tazas de salsa marinara
- 2 tazas de queso mozzarella rallado
- Hojas de albahaca fresca (para decorar)

INSTRUCCIONES:
a) Precalienta tu horno a 375°F (190°C).
b) Corta las berenjenas en rodajas de ½ pulgada de grosor. Espolvorea sal por ambos lados de las rodajas y colócalas en un colador. Déjalos reposar durante unos 20 minutos para permitir que la sal elimine el exceso de humedad. Enjuague las rodajas de berenjena con agua fría y séquelas con toallas de papel.
c) En tres tazones poco profundos separados, prepare su estación de empanizado. En el primer bol, agrega la harina. En el segundo bol batir los huevos. En el tercer tazón, combine el pan rallado, el queso parmesano rallado, el orégano seco, la albahaca seca y el ajo en polvo.
d) Sumerge cada rodaja de berenjena en la harina, sacudiendo el exceso. Luego sumérjalo en los huevos batidos, dejando escurrir el exceso. Finalmente, cubra la rebanada con la mezcla de pan rallado, presionando suavemente para que se adhiera al pan rallado.
e) Calienta el aceite vegetal en una sartén grande a fuego medio-alto. Freír las rodajas de berenjena empanizadas en tandas hasta que estén doradas y crujientes por ambos lados, aproximadamente 3-4 minutos por lado. Coloca las rodajas fritas en un plato forrado con papel toalla para escurrir el exceso de aceite.
f) En una fuente para horno, esparza una fina capa de salsa marinara en el fondo. Coloca una capa de rodajas de berenjena frita encima de la salsa. Vierta más salsa marinara sobre la berenjena y espolvoree uniformemente queso mozzarella rallado. Repite las capas hasta utilizar todas las rodajas de berenjena, terminando con una capa de salsa y queso encima.
g) Hornee las berenjenas a la parmesana en el horno precalentado durante unos 25 a 30 minutos, o hasta que el queso se derrita y burbujee.
h) Retirar del horno y dejar enfriar unos minutos antes de servir. Adorne con hojas de albahaca fresca.

86. Raviolis de berenjena y nueces en salsa

INGREDIENTES:
RELLENO
- 1 berenjena
- ¼ taza de nueces picadas
- 1 taza de queso ricota
- ¼ taza de queso parmesano rallado
- 4 cucharaditas de perejil picado
- 2 cucharadas de albahaca fresca picada
- 1 cucharada de salvia fresca; picado
- Pesto de sal y pimienta blanca.
- ½ taza de hojas de albahaca fresca bien empaquetadas
- 1½ taza de piñones
- 1 cucharadita de nueces picadas finamente picadas
- 1 diente de ajo
- 3 cucharadas de queso parmesano rallado
- ⅓ taza de aceite de oliva
- Salsa de sal y pimienta
- 1 cucharada de mantequilla sin sal
- ¾ taza de salsa de tomate básica para pasta

PASTA
- ¾ libras Hojas finas de pasta fresca para masa de ravioles
- 2 tazas de harina
- 4 huevos

INSTRUCCIONES:

a) Pele la berenjena y córtela transversalmente en rodajas de ½ pulgada de grosor (12 mm).

b) Precalienta el asador. Coloque las rodajas de berenjena sobre una rejilla en una asadera y ase hasta que estén ligeramente doradas, de 3 a 4 minutos. Voltee y ase el segundo lado durante unos 2-3 minutos. Transfiera la berenjena a una tabla de cortar y córtela en trozos pequeños.

c) Colóquelo sobre toallas para escurrir el exceso de líquido y déjelo enfriar. #2 En un tazón de procesador de alimentos, equipado con una cuchilla de metal, combine la berenjena, las nueces y ¼ de taza de queso ricotta. Haga puré hasta que quede suave.

d) Transfiera a un tazón y agregue la ricota y el parmesano restantes; perejil, albahaca y salvia. Revuelva hasta que se mezclen. Tapar y refrigerar por al menos 3 horas, como máximo 24 horas.

e) Prepare el pesto en un procesador de alimentos equipado con una cuchilla. Picar en el orden indicado, terminando con aceite de oliva. Sazone después de probarlo.

f) Justo antes de utilizar el relleno, pruébalo y sazona con sal y pimienta. Hacer ravioles: 1 cucharadita por almohada, agua para sellar. Dejar secar sobre una rejilla durante 1 a 2 horas. Los raviolis cuadrados son más rápidos, use un cortador circular de 2-½".

g) Cocine suavemente los raviolis en abundante agua hirviendo hasta que estén al dente, 3 a 6. Mientras tanto, caliente la mantequilla, la salsa de tomate y el pesto.

h) Escurre la pasta y sírvela en un tazón poco profundo y caliente, con salsa pesto caliente y parmesano recién rallado.

87. Berenjena Y Arroz A La Provenzal

INGREDIENTES:
- 1 berenjena grande, alrededor de 2 libras
- 4 cucharadas de aceite de oliva
- 3 tazas de cebolla picada
- 1 pimiento verde, sin corazón y sin semillas, cortado en cubos de 1 pulgada
- 2 dientes de ajo picados
- 1 cucharadita de tomillo fresco picado o ½ cucharadita de tomillo seco
- 1 hoja de laurel
- 3 tomates, pelados, sin corazón y picados
- 1 taza de arroz crudo
- 3¾ tazas de caldo de pollo
- Sal y pimienta negra
- ½ taza de queso parmesano rallado
- 2 cucharadas de mantequilla

INSTRUCCIONES:
a) Precalienta el horno a 400 grados. Recorta los extremos de las berenjenas y córtalas en cubos de 1 pulgada.
b) Calienta el aceite en una sartén grande y agrega los cubos de berenjena. Cocine a fuego alto, agitando la sartén de vez en cuando.
c) Agrega la cebolla, el pimiento verde, el ajo, el tomillo y la hoja de laurel, revolviendo.
d) Agrega los tomates y baja el fuego.
e) Cocine a fuego lento durante 5 minutos o hasta que se evapore la mayor parte del líquido de la sartén.
f) Agregue el arroz y el caldo de pollo.
g) Condimentar con sal y pimienta.
h) Vierta la mezcla en la fuente para hornear y espolvoree con queso.
i) Unte con la mantequilla y hornee, sin tapar, durante 30 minutos.

88. Calabaza Espagueti Con Persillade De Berenjenas

INGREDIENTES:
PARA LA CALABAZA:
- Calabaza Espagueti
- aceite
- 2 o 3 dientes de ajo
- sal y pimienta para probar
- queso parmesano

LA PERSILLADA DE BERENJENA:
- Berenjena, en rodajas
- ½ cucharada de sal
- ⅛ pulgada de aceite de oliva
- ajo

INSTRUCCIONES:
PARA LA CALABAZA:
a) Cocine al vapor y triture los espaguetis de calabaza como de costumbre.
b) Calienta varias cucharadas de aceite en una sartén grande y agrega 2 o 3 dientes de ajo, cocinándolos suavemente durante uno o dos minutos.
c) Luego agregue la calabaza espagueti y dóblela con el ajo, agregue sal y pimienta al gusto, agregue más aceite [o mantequilla] y cocine al grado que prefiera.
d) Luego mezcle con una cucharada de queso parmesano, colóquelo en un plato caliente y decore con la berenjena, pero no los mezcle.

LA PERSILLADA DE BERENJENA:
a) Cortar la tapa verde y quitar la piel con un pelador de verduras. Cortar en rodajas de ½ pulgada, cortar las rodajas en tiras de ½ pulgada y las tiras en dados de ½ pulgada. Eche en un colador con ½ cucharada de sal y déjelo escurrir durante al menos 20 minutos. Luego séquelo con una toalla.
b) Llene una sartén grande [preferiblemente una antiadherente] con ⅛ de pulgada de aceituna y saltee la berenjena a fuego moderadamente alto durante 4 a 5 minutos, revolviendo con frecuencia, hasta que esté tierna, pruebe un trozo.
c) Agrega el ajo y revuelve por un minuto para cocinarlo, luego agrega el perejil solo en el último momento.
d) Esto está bueno por sí solo, ya sea frío o caliente.
e) Pasar más queso para quien lo desee.

89. Pasta Rellena De Berenjena Y Tempeh

INGREDIENTES:
- 8 onzas de tempeh
- 1 berenjena mediana
- 12 conchas de pasta grandes
- 1 diente de ajo, machacado
- 1/4 cucharadita de cayena molida
- Sal y pimienta negra recién molida
- Pan rallado seco sin condimentar
- 3 tazas de salsa marinara, casera

INSTRUCCIONES:
a) En una cacerola mediana con agua hirviendo, cocine el tempeh durante 30 minutos. Escurrir y dejar enfriar.
b) Precalienta el horno a 450°F. Perfore la berenjena con un tenedor y hornee en una bandeja para hornear ligeramente engrasada hasta que esté suave, aproximadamente 45 minutos.
c) Mientras se hornean las berenjenas, cocine las cáscaras de pasta en una olla con agua hirviendo con sal, revolviendo ocasionalmente, hasta que estén al dente, aproximadamente 7 minutos. Escurrir y pasar por agua fría. Dejar de lado.
d) Retirar la berenjena del horno, cortarla por la mitad a lo largo y escurrir el líquido. Reduzca la temperatura del horno a 350°F. Engrase ligeramente un molde para hornear de 9 x 13 pulgadas. En un procesador de alimentos, procesa el ajo hasta que esté finamente molido. Agregue el tempeh y presione hasta que esté molido en trozos grandes. Raspe la pulpa de la berenjena de su cáscara y agréguela al procesador de alimentos con el tempeh y el ajo. Agregue la cayena, sazone con sal y pimienta al gusto y presione para combinar. Si el relleno queda suelto, añadir un poco de pan rallado.
e) Extienda una capa de salsa de tomate en el fondo de la fuente para hornear preparada. Rellenar las conchas con el relleno hasta que estén bien compactas.
f) Coloque las conchas encima de la salsa y vierta el resto de la salsa sobre y alrededor de las conchas. Cubra con papel aluminio y hornee hasta que esté caliente, aproximadamente 30 minutos. Destape, espolvoree con parmesano y hornee 10 minutos más. Servir inmediatamente.

90. Berenjena Chermoula con Bulgur y Yogur

INGREDIENTES:
- 2 dientes de ajo machacados
- 2 cucharaditas de comino molido
- 2 cucharaditas de cilantro molido
- 1 cucharadita de hojuelas de chile
- 1 cucharadita de pimentón dulce
- 2 cucharadas de cáscara de limón en conserva finamente picada
- ⅔ taza de aceite de oliva, más extra para terminar
- 2 berenjenas medianas
- 1 taza de bulgur fino
- ⅔ taza de agua hirviendo
- ⅓ taza de pasas doradas
- 3½ cucharadas de agua tibia
- ⅓ onza de cilantro, picado, más un poco más para terminar
- ⅓ onza de menta, picada
- ⅓ taza de aceitunas verdes deshuesadas, partidas por la mitad
- ⅓ taza de almendras rebanadas, tostadas
- 3 cebollas verdes, picadas
- 1½ cucharadas de jugo de limón recién exprimido
- ½ taza de yogur griego
- sal

INSTRUCCIONES:
a) Precalienta el horno a 400°F / 200°C.
b) Para hacer la chermoula, mezcle en un tazón pequeño el ajo, el comino, el cilantro, el chile, el pimentón, el limón en conserva, dos tercios del aceite de oliva y ½ cucharadita de sal.
c) Corta las berenjenas por la mitad a lo largo. Marque la pulpa de cada mitad con marcas profundas y diagonales entrecruzadas, asegurándose de no perforar la piel. Coloque la chermoula sobre cada mitad, distribuyéndola uniformemente y colóquela en una bandeja para hornear con el lado cortado hacia arriba. Mete al horno y asa por 40 minutos, o hasta que las berenjenas estén completamente blandas.
d) Mientras tanto, coloque el bulgur en un bol grande y cúbralo con agua hirviendo.
e) Remoja las pasas en agua tibia. Pasados los 10 minutos, escurre las pasas y añádelas al bulgur, junto con el resto del aceite. Agrega las hierbas, las aceitunas, las almendras, las cebollas verdes, el jugo de limón y una pizca de sal y revuelve para combinar. Pruebe y agregue más sal si es necesario.
f) Sirve las berenjenas calientes o a temperatura ambiente. Coloque ½ berenjena, con el lado cortado hacia arriba, en cada plato. Coloque el bulgur encima, dejando que un poco caiga por ambos lados. Vierta un poco de yogur, espolvoree con cilantro y termine con un chorrito de aceite.

91. Sopa de berenjena quemada y mograbieh

INGREDIENTES:

- 5 berenjenas pequeñas
- aceite de girasol, para freír
- 1 cebolla, rebanada
- 1 cucharada de semillas de comino, recién molidas
- 1½ cucharaditas de pasta de tomate
- 2 tomates grandes, pelados y cortados en cubitos
- 1½ tazas de caldo de pollo o vegetales
- 1⅔ tazas de agua
- 4 dientes de ajo machacados
- 2½ cucharaditas de azúcar
- 2 cucharadas de jugo de limón recién exprimido
- ⅓ taza de mograbieh, o maftoul, fregola o cuscús gigante
- 2 cucharadas de albahaca rallada o
- 1 cucharada de eneldo picado, opcional
- sal y pimienta negra recién molida

INSTRUCCIONES:

a) Comienza quemando tres de las berenjenas con ajo, limón y semillas de granada .

b) Corta las berenjenas restantes en dados de ⅔ de pulgada/1,5 cm. Calienta aproximadamente ⅔ de taza/150 ml de aceite en una cacerola grande a fuego medio-alto. Cuando esté caliente añadimos los dados de berenjena. Freír durante 10 a 15 minutos, revolviendo con frecuencia, hasta que todo tenga color; agregue un poco más de aceite si es necesario para que siempre haya algo de aceite en la sartén. Retire la berenjena, colóquela en un colador para que escurra y espolvoree con sal.

c) Asegúrese de que quede aproximadamente 1 cucharada de aceite en la sartén, luego agregue la cebolla y el comino y saltee durante aproximadamente 7 minutos, revolviendo con frecuencia. Agrega la pasta de tomate y cocina por un minuto más antes de agregar los tomates, el caldo, el agua, el ajo, el azúcar, el jugo de limón, 1½ cucharadita de sal y un poco de pimienta negra. Cocine a fuego lento durante 15 minutos.

d) Mientras tanto, hierva una cacerola pequeña con agua con sal y agregue el mograbieh o una alternativa. Cocine hasta que esté al dente; esto variará según la marca, pero debería tomar de 15 a 18 minutos (consulte el paquete). Escurrir y refrescar con agua fría.

e) Transfiera la pulpa de berenjena quemada a la sopa y bátala hasta obtener un líquido suave con una batidora de mano. Añade el mograbieh y la berenjena frita, reserva un poco para decorar al final y cocina a fuego lento durante 2 minutos más.

f) Prueba y ajusta el sazón. Sirva caliente, con el mograbieh reservado y la berenjena frita encima y adorne con albahaca o eneldo, si lo desea.

92. Filetes De Berenjena

INGREDIENTES:
- 2 berenjenas rosa blanca
- 2 huevos (batidos)
- 1 taza de pan rallado
- Un puñado de perejil fresco (picado)
- Sal y pimienta para probar
- Aceite vegetal para freír

INSTRUCCIONES:
a) Lavar las berenjenas y secarlas. Recorta los extremos.
b) Corta cada berenjena transversalmente en rodajas de ⅓ de pulgada de grosor.
c) Sumerge cada rebanada en los huevos batidos y luego cúbrelas con pan rallado.
d) Presione el pan rallado en los filetes de berenjena con la palma de la mano, quitando el exceso.
e) Coloca todas las rodajas de berenjena empanizadas en una tabla de cortar o en un plato grande.
f) En una sartén grande y profunda, precalienta el aceite vegetal a 350°F (175°C).
g) Si no tienes un termómetro de cocina, primero puedes hacer una prueba de fritura con un trozo más pequeño. El aceite estará listo cuando el trozo chisporrotee inmediatamente y flote hacia la superficie.
h) Coloca con cuidado los filetes de berenjena en el aceite precalentado y fríelos por cada lado durante 3 a 4 minutos. Voltéelos de vez en cuando para asegurar una cocción uniforme.
i) Retire las berenjenas cocidas y colóquelas sobre una toalla de papel para absorber el exceso de aceite.
j) Espolvorea los filetes de berenjena con sal y pimienta al gusto.
k) Disfrute los filetes de berenjena mientras están calientes, rociados generosamente con hierbas frescas.
l) Estos filetes de berenjena son un plato delicioso que combina un interior cremoso con un exterior crujiente. Son perfectos para una comida rápida y satisfactoria.

93. Ensalada libanesa de berenjenas a la parrilla

INGREDIENTES:
- 2 berenjenas grandes
- 2 tomates, cortados en cubitos
- 1 pepino, cortado en cubitos
- 1 pimiento rojo, cortado en cubitos
- ½ cebolla morada, cortada en rodajas finas
- ¼ de taza de perejil fresco, picado
- ¼ de taza de menta fresca, picada
- Jugo de 1 limón
- 3 cucharadas de aceite de oliva virgen extra
- 2 dientes de ajo, picados
- Sal y pimienta bajas en sodio, al gusto.

a) Precalienta una parrilla o sartén a fuego medio-alto.
b) Corta las berenjenas a lo largo en rodajas de ½ pulgada de grosor.
c) Unte ambos lados de las rodajas de berenjena con aceite de oliva y sazone con sal y pimienta.
d) Coloque las rodajas de berenjena en la parrilla y cocine durante unos 3-4 minutos por lado, hasta que estén tiernas y tengan marcas de parrilla.
e) Retirar la berenjena asada del fuego y dejar enfriar un poco. Corta las rodajas de berenjena en trozos pequeños.
f) En un tazón grande, combine la berenjena asada, los tomates cortados en cubitos, el pepino cortado en cubitos, el pimiento rojo cortado en cubitos, la cebolla morada en rodajas finas, el perejil picado y la menta picada.
g) En un tazón pequeño aparte, mezcle el jugo de limón, el aceite de oliva virgen extra, el ajo picado, la sal y la pimienta para hacer el aderezo.
h) Vierta el aderezo sobre los ingredientes de la ensalada en el tazón grande para mezclar. Mezcle suavemente para combinar y cubrir los ingredientes de manera uniforme.
i) Ajuste el condimento si es necesario.
j) Deje reposar la ensalada durante unos 10 minutos para permitir que los sabores se mezclen.
k) Sirva la ensalada libanesa de berenjenas a la parrilla a temperatura ambiente o fría. Adorne con más perejil picado y menta, si lo desea.
l) ¡Disfruta de esta ensalada refrescante y saludable que muestra los deliciosos sabores del Líbano!

94. Pisto de berenjena

INGREDIENTES:
SALADO PRELIMINAR
- ½ libra de berenjena
- ½ libra de calabacín
- Un tazón para mezclar de 3 cuartos
- 1 cucharadita de sal

SALTEAR
- 4 cucharadas de aceite de oliva
- Una sartén esmaltada o antiadherente de 10 a 12 pulgadas
- ½ libra (1½ tazas) de cebollas rebanadas
- 1 taza de pimientos verdes en rodajas (aproximadamente 2 pimientos)
- 2 dientes de ajo machacados
- Sal y pimienta
- 1 libra de tomates, pelados, sin semillas y exprimidos
- 3 cucharadas de perejil picado

MONTAJE Y HORNEADO
- Una cacerola ignífuga de 2½ cuartos y 2 pulgadas de profundidad.

INSTRUCCIONES:

a) Pele las berenjenas y córtelas en rodajas de ⅜ de pulgada de grosor. Frote los calabacines con agua fría.

b) Corte y deseche dos extremos y corte el calabacín en trozos longitudinales de ⅜ de pulgada de grosor. Mezcle las verduras en un bol con la sal y déjelas reposar durante 30 minutos. Drenar; secar con una toalla.

c) Caliente el aceite de oliva en la sartén, luego saltee las rodajas de berenjena y calabacín hasta que se doren ligeramente por ambos lados. Retirar a una guarnición. Agregue más aceite si es necesario y cocine las cebollas y los pimientos lentamente hasta que estén tiernos. Agregue el ajo y sazone con sal y pimienta. Corta la pulpa de tomate en tiras y colócala sobre las cebollas y los pimientos.

d) Tape la cacerola y cocine por 5 minutos, luego destape, suba el fuego y hierva por varios minutos hasta que el jugo de tomate se haya evaporado casi por completo. Condimentar con sal y pimienta; incorporar el perejil.

e) Vierta un tercio de la mezcla de tomate en el fondo de la cazuela. Coloque encima la mitad de la berenjena y el calabacín, luego la mitad de los tomates restantes. Cubrir con el resto de la berenjena y el calabacín, y lo último de la mezcla de tomate. Tapar la cazuela y cocinar a fuego lento durante 10 minutos. Destape, incline la cacerola y rocíe con los jugos obtenidos y corrija la sazón si es necesario. Sube un poco el fuego y deja hervir lentamente hasta que el jugo se haya evaporado casi por completo.

f) Sirva caliente con asados, filetes, hamburguesas y pescado asado.

g) Servir frío con embutidos y pescado o como entremés frío.

95. Chutney De Berenjena Y Tomate

INGREDIENTES:

- 1,5 kg de huevo maduro o tomates en rama
- 1 ½ cucharaditas de semillas de hinojo
- 1 ½ cucharaditas de semillas de comino
- 1 ½ cucharaditas de semillas de mostaza marrón
- ¼ de taza de aceite de oliva virgen extra
- 2 cebollas rojas, finamente picadas
- 2 dientes de ajo, finamente picados
- 2 chiles rojos ojo de pájaro, sin semillas y finamente picados
- 2 cucharaditas de hojas de tomillo
- 450 g de berenjena cortada en trozos de 1 cm
- 3 manzanas Granny Smith, peladas, sin corazón y cortadas en trozos de 1 cm
- 1 taza de vinagre de vino tinto
- 1 taza de azúcar morena bien compacta

INSTRUCCIONES:

a) Haga una pequeña incisión en forma de cruz en la base de cada tomate, luego blanqueelos en tres tandas separadas en una olla con agua hirviendo durante unos 30 segundos o hasta que la piel comience a soltarse. Posteriormente, enfríalos rápidamente en un fregadero lleno de agua fría y luego pela los tomates.

b) Corta los tomates pelados por la mitad horizontalmente y saca las semillas y el jugo en un bol; déjalos a un lado. Pica la pulpa de los tomates en trozos grandes y resérvala también.

c) En una cacerola grande de base pesada, revuelva las semillas de hinojo, las semillas de comino y las semillas de mostaza dorada a fuego medio durante aproximadamente 1 minuto, o hasta que adquieran su aroma. Luego, transfiera estas especias a un bol.

d) Regresa la cacerola a fuego medio, agregando el aceite de oliva. Ahora agrega la cebolla finamente picada, el ajo, los chiles, el tomillo y 3 cucharaditas de sal. Revuelva ocasionalmente y cocine por unos 5 minutos.

e) Incorpora la berenjena a la mezcla y continúa cocinando, revolviendo ocasionalmente, durante aproximadamente 8 minutos, o hasta que las verduras estén tiernas. Agrega la pulpa del tomate picada, las especias previamente tostadas, las manzanas, el vinagre de vino tinto y el azúcar moreno.

f) Cuela el jugo de tomate reservado en la cacerola, desechando las semillas. Lleva la mezcla a fuego lento y luego déjala cocinar durante unos 45 minutos o hasta que la mayor parte del líquido se haya evaporado.

g) Vierta la salsa picante caliente en frascos esterilizados mientras aún esté caliente y ciérrelos rápidamente.

96. Canelones de berenjena

INGREDIENTES:
- masa de huevo
- Aceite de oliva
- 3 dientes de ajo, picados
- 1 taza de vino tinto
- 2 latas (28 onzas) de tomates triturados
- 1 manojo de albahaca
- Sal kosher
- Pimienta negra recién molida
- Aceite de oliva
- 1 berenjena, pelada y cortada en cubitos pequeños
- 4 dientes de ajo, rebanados
- 3 ramitas de romero, picadas
- 4 tazas de queso ricota
- 1 taza de mozzarella rallada
- Sal kosher
- Pimienta negra recién molida

INSTRUCCIONES:

a) Precalienta el horno a 350 °F (177 °C) y lleva a ebullición una olla grande de agua con sal.
b) Espolvoree dos bandejas para hornear con harina de sémola. Para hacer la pasta, extienda la masa hasta que la hoja tenga aproximadamente 1/16 de pulgada de grosor .
c) Corta las hojas enrolladas en secciones de 15 cm (6 pulgadas) y colócalas en las bandejas hasta que tengas unas 20 hojas.
d) Trabajando en tandas, coloque las hojas en el agua hirviendo y cocine hasta que estén flexibles, aproximadamente 1 minuto. Colóquelo sobre toallas de papel y séquelo.
e) Para hacer el relleno, en una sartén grande a fuego alto, agregue un chorrito de aceite de oliva, berenjena, ajo y romero y cocine hasta que estén tiernos, aproximadamente de 4 a 5 minutos. Dejar enfriar y mezclar en un bol con la ricotta y la mozzarella. Sazone con sal y pimienta negra recién molida.
f) Para armar, coloque la salsa en el fondo de una fuente para hornear de 9 × 13 pulgadas (22,9 × 33 cm). Con la hoja de pasta a lo largo, coloca unas 3 cucharadas (45 g) de relleno en el borde más cercano a ti. Enrolle con cuidado la pasta lejos de usted, cubriendo el relleno. Coloca los canelones rellenos en una sola capa en la fuente para horno. Coloca un poco más de salsa encima de los canelones y espolvorea con mozzarella rallada.
g) Introduce los canelones en el horno y cocina durante unos 45 minutos.

97. Berenjena quemada con Granada

INGREDIENTES:
- 4 berenjenas grandes
- 2 dientes de ajo machacados
- ralladura de 1 limón y 2 cucharadas de jugo de limón recién exprimido
- 5 cucharadas de aceite de oliva
- 2 cucharadas de perejil de hoja plana picado
- 2 cucharadas de menta picada
- semillas de ½ granada grande (½ taza / 80 g en total)
- sal y pimienta negra recién molida

INSTRUCCIONES:

a) Si tiene una estufa de gas, cubra la base con papel de aluminio para protegerla, manteniendo solo los quemadores expuestos.

b) Coloque las berenjenas directamente en cuatro quemadores de gas separados con llamas medianas y ase durante 15 a 18 minutos, hasta que la piel esté quemada y escamosa y la pulpa esté suave. Utilice pinzas de metal para darles la vuelta de vez en cuando.

c) Alternativamente, corte las berenjenas con un cuchillo en algunos lugares, aproximadamente ¾ de pulgada / 2 cm de profundidad, y colóquelas en una bandeja para hornear debajo de una parrilla caliente durante aproximadamente una hora. Dales la vuelta cada 20 minutos aproximadamente y continúa cocinando incluso si estallan y se rompen.

d) Retira las berenjenas del fuego y déjalas enfriar un poco. Una vez que esté lo suficientemente frío como para manipularlo, corte una abertura a lo largo de cada berenjena y saque la pulpa suave, dividiéndola con las manos en tiras largas y delgadas. Deseche la piel. Escurrir la pulpa en un colador durante al menos una hora, preferiblemente más, para eliminar la mayor cantidad de agua posible.

e) Coloque la pulpa de berenjena en un tazón mediano y agregue el ajo, la ralladura y el jugo de limón, el aceite de oliva, ½ cucharadita de sal y un buen molido de pimienta negra. Revuelve y deja marinar la berenjena a temperatura ambiente durante al menos una hora.

f) Cuando esté listo para servir, mezcle la mayoría de las hierbas y pruebe para sazonar.

g) Apilar en un plato para servir, esparcir sobre las semillas de granada y decorar con las hierbas restantes.

98. Hannukah Sabih

INGREDIENTES:
- 2 berenjenas grandes
- 1¼ tazas de aceite de girasol
- 4 rebanadas de pan blanco, tostado o mini pitas
- 1 taza / 240 ml de salsa tahini
- 4 huevos grandes de gallinas camperas, duros, pelados y cortados en cuartos
- 4 cucharadas de Zhoug
- amba o pepinillo de mango salado (opcional)
- sal y pimienta negra recién molida

ENSALADA PICADA
- 2 tomates maduros medianos, cortados en cubitos
- 2 mini pepinos, cortados en cubitos
- 2 cebollas verdes, en rodajas finas
- 1½ cucharadas de perejil de hoja plana picado
- 2 cucharaditas de jugo de limón recién exprimido
- 1½ cucharadas de aceite de oliva

INSTRUCCIONES:

a) Use un pelador de verduras para pelar tiras de piel de berenjena de arriba a abajo, dejando las berenjenas con tiras alternas de piel negra y pulpa blanca, como una cebra. Corta ambas berenjenas a lo ancho en rodajas de 2,5 cm de grosor.

b) Espolvorea sal por ambos lados, luego extiéndelas en una bandeja para horno y déjalas reposar durante al menos 30 minutos para eliminar un poco de agua. Utilice toallas de papel para limpiarlas.

c) Calentar el aceite de girasol en una sartén amplia. Con cuidado (el aceite escupe), fríe las rodajas de berenjena en tandas hasta que estén bien oscuras, volteándolas una vez, de 6 a 8 minutos en total. Agregue aceite si es necesario mientras cocina los lotes. Cuando estén listos, los trozos de berenjena deben estar completamente tiernos en el centro. Retirar de la sartén y escurrir sobre toallas de papel.

d) Haz la ensalada picada mezclando todos los ingredientes y sazonando con sal y pimienta al gusto.

e) Justo antes de servir, coloque 1 rebanada de pan o pita en cada plato. Vierta 1 cucharada de salsa tahini sobre cada rebanada, luego coloque las rodajas de berenjena encima, superpuestas.

f) Rociamos un poco más de tahini pero sin cubrir por completo las rodajas de berenjena. Sazone cada rodaja de huevo con sal y pimienta y colóquelas sobre la berenjena.

g) Rocíe un poco más de tahini encima y vierta tanto zhoug como desee.

h) Vierta también sobre el pepinillo de mango, si lo desea.

i) Sirva la ensalada de verduras a un lado, si lo desea, coloque un poco encima de cada porción.

99.Muffins triples de chocolate

INGREDIENTES:
- 1 taza de berenjena cocida
- 1 huevo de lino modificado
- ¼ taza de mantequilla de almendras goteante
- 1 cucharada de vinagre balsámico
- 1 cucharadita de extracto de vainilla
- ¼ de taza de jarabe de arce
- ½ taza de azúcar de coco
- ½ taza de chispas de chocolate, divididas por la mitad
- ⅔ taza de copos de avena sin gluten
- 1 taza de harina de almendras
- ½ taza de cacao en polvo
- 1,5 cucharaditas de bicarbonato de sodio
- ½ cucharaditas de sal

INSTRUCCIONES:

a) Precalienta tu horno a 425°F (218°C). Engrase o forre 9 moldes para muffins.

b) Lave la berenjena y córtela en trozos de 1 pulgada. Coloque los trozos en un recipiente de vidrio, cúbralos con otro plato y cocine en el microondas durante 3-4 minutos a temperatura alta hasta que la berenjena se ablande.

c) Mientras la berenjena aún esté caliente, agrégala a una licuadora o procesador de alimentos junto con el huevo de lino, la mantequilla de almendras, el jarabe de arce, el azúcar de coco, la mitad de las chispas de chocolate (45 g), el vinagre balsámico y el extracto de vainilla. Licúa hasta lograr una consistencia suave y cremosa.

d) Vierta la mezcla licuada en un tazón grande para mezclar. Luego agregue la harina de avena, la avena, la harina de almendras, el cacao en polvo, el bicarbonato de sodio y la sal.

e) Mezcle hasta que los ingredientes estén combinados. Dependiendo del contenido de humedad de la berenjena, es posible que necesites agregar de 1 a 3 cucharadas de harina de almendras o avena. La masa debe quedar espesa pero no demasiado densa, con una textura que no sea líquida como la masa para panqueques (consulte el video para conocer la textura deseada).

f) Alternativamente, puedes agregar los ingredientes secos a la licuadora, excluyendo los copos de avena, y licuarlos o mezclarlos. Luego, agregue los copos de avena y las chispas de chocolate restantes.

g) Vierta la masa en cada molde para muffins, llenándolos hasta arriba (aproximadamente 92-95 g cada uno).

h) Hornea los muffins durante 5 minutos a 425 °F (218 °C), luego reduce la temperatura a 350 °F (177 °C). Continúe horneando durante 18 a 20 minutos más, con el objetivo de 18 minutos si prefiere muffins blandos y 20 minutos para una textura más parecida a la de un pastel.

i) Retire los muffins del horno y déjelos enfriar en el molde durante 2-3 minutos. Luego, transfiéralos a una rejilla para que se enfríen más.

j) Disfrute de estos muffins de triple chocolate saludables, veganos y sin gluten para el desayuno, la merienda o el postre, sin azúcar refinada ni aceites añadidos.

100. Tarta De Berenjenas Con Queso De Cabra

INGREDIENTES:
- 2 libras de berenjena (unas 3 berenjenas pequeñas; 900 g)
- 4 cucharaditas de sal kosher, divididas
- Harina para todo uso, para espolvorear
- 2 láminas de hojaldre congelado (1 caja completa), descongelado
- 4 cucharadas de aceite de oliva virgen extra (2 onzas; 60 g)
- Pimienta negra recién molida
- ½ taza de queso fresco de cabra (4 onzas; 112 g)
- 2 tazas de Gouda rallado (6 onzas; 168 g)
- 2 cucharaditas de semillas de nigella
- 4 cucharadas de miel (2 onzas; 60 g), cantidad dividida
- Hierbas frescas, como cebollino o albahaca, para decorar (opcional)

INSTRUCCIONES:

a) Con un cuchillo de chef afilado o una mandolina, corte la berenjena en rodajas de ¼ de pulgada de grosor.

b) Mezcle las rodajas con 1 cucharada (12 g) de sal kosher y déjelas a un lado en un colador colocado sobre un tazón o fregadero. Déjalas escurrir durante al menos 30 minutos.

c) Ajuste dos rejillas del horno a las posiciones media superior e inferior. Precalienta el horno a 400°F (200°C).

d) Forre tres bandejas de media hoja con borde con papel pergamino. Además, corte una hoja extra de pergamino y déjela a un lado.

e) Sobre una superficie ligeramente enharinada, coloca las láminas de hojaldre descongeladas una encima de otra.

f) Extienda la masa hasta que sea lo suficientemente grande como para caber en una bandeja de media hoja, aproximadamente de 11 por 15 pulgadas. Utilice suficiente harina para evitar que se pegue.

g) Enrolle la masa sobre el rodillo para transferirla, luego desenróllala sobre la bandeja para hornear forrada con papel pergamino. Coloque la hoja extra de pergamino encima.

h) En ese momento, la berenjena habrá soltado el exceso de líquido. Enjuague las rodajas de berenjena con agua fría para eliminar el resto de sal y séquelas con un paño de cocina limpio o una toalla de papel. Coloque las rodajas de berenjena en las dos bandejas para hornear forradas restantes. Condimente con aceite de oliva virgen extra, pimienta negra y la sal kosher restante.

i) Coloque una de las bandejas para hornear de berenjena encima del hojaldre para darle peso mientras se hornea. Hornee las tres bandejas en el horno precalentado durante unos 20 minutos, girando las bandejas una vez después de 10 minutos. Durante este tiempo, la berenjena se volverá tierna y la masa se volverá firme, pero no debería desarrollar ningún color.

MONTAR LA TARTA:

j) Después del primer horneado, retira las bandejas del horno. Aumente la temperatura del horno a 500 °F (260 °C). Use una espátula acodada para esparcir uniformemente el queso de cabra sobre el hojaldre. Espolvorea semillas ralladas de Gouda y Nigella sobre el queso de cabra.

k) Coloque las rodajas de berenjena parcialmente cocidas para cubrir la tarta. Rocíe 2 cucharadas (30 g) de miel uniformemente sobre la berenjena.

l) Regrese la tarta al horno y hornee por 15 minutos más o hasta que la masa esté bien dorada y crujiente por completo.

m) Termina la tarta rociándola con el resto de la miel. Opcionalmente, decore con hierbas frescas como cebollino o albahaca. Corta la tarta en las porciones deseadas y sírvela inmediatamente.

n) Disfruta de esta deliciosa Tarta de Berenjenas con Queso de Cabra y Miel como delicioso aperitivo o plato principal.

CONCLUSIÓN

Mientras culminamos nuestra odisea culinaria a través de "La experiencia definitiva con vegetales únicos", esperamos que los sabores y las historias compartidas en estas páginas hayan dejado una marca indeleble en su conciencia culinaria. Este libro de cocina no es simplemente una guía; es un catalizador para una apreciación permanente de los diversos y a menudo subestimados miembros de la familia de las hortalizas.

La aventura que has emprendido no concluye al pasar estas páginas finales; más bien, se extiende a su cocina, su laboratorio culinario donde la experimentación y la innovación toman protagonismo. Las verduras únicas que se presentan aquí no son sólo ingredientes ; son sus compañeros en un viaje hacia una experiencia culinaria más rica y vibrante.

A medida que aplicas el nuevo conocimiento y la inspiración de este libro de cocina en tus actividades culinarias, considera cada verdura no como un mero componente de un plato, sino como una fuente de infinitas posibilidades. Comparte tus descubrimientos, crea tus variaciones y deja que la sinfonía de sabores siga resonando en tu cocina.

"La Experiencia Definitiva con Vegetales Únicos" es más que una colección de recetas; es una oda a la belleza de la diversidad y una celebración del tapiz culinario al que contribuye cada vegetal único. Que sus futuras aventuras culinarias estén marcadas por la exploración, la audacia y una pasión continua por lo extraordinario.

Brindemos por el placer de descubrir, saborear y compartir las delicias de los con una aguja, el colinabo, la berenjena y la miríada de otras verduras únicas que hacen de cada comida una celebración del sabor y la singularidad. A medida que continúa su viaje culinario, que cada bocado sea un testimonio de lo notable y extraordinario del mundo de las verduras. ¡Feliz cocina!

www.ingramcontent.com/pod-product-compliance
Lightning Source LLC
Chambersburg PA
CBHW071310110526
44591CB00010B/851